AQUARIUS

AQUARIUS

AQUARIUS

AQUARIUS

Catcher

一如《麥田捕手》的主角，
我們站在危險的崖邊，
抓住每一個跑向懸崖的孩子。
Catcher，是對孩子的一生守護。

王意中 臨床心理師

咬手、拔頭髮、猛眨眼……
從辨識警訊開始，讓孩子學會紓解焦慮，安定成長

覺察孩子的焦慮危機

【自序】我曾被當成偷書賊

——那一隻手，把我推入了無盡的焦慮

直到現在，人已經過了半百，但孩童時，那隻手，卻依然令我心裡隱隱作痛……

那是我人生中第一次深深覺得被羞辱。也因為那隻手，逐漸改變了我這一生個性的形成，與看待自己以及周圍日常生活事物之間的關係。

／

覺察孩子的焦慮危機

就讀國小五、六年級時，我非常喜歡從新北市（那時還稱為臺北縣）三重埔的家，搭乘公車到臺北市光華橋下的光華商場，逛逛地下室的舊書店。

還記得那一年，正值過年期間，我帥氣地穿著趴哩趴哩的格子小西裝外套，在內側口袋塞著紅包袋，來到了光華商場地下室的舊書店。

我聚精會神地瀏覽著架上一本又一本的書，不時把西裝外套稍微打開，以確認裡面的紅包袋是否還在。

就在那一刻，改變我人生的那一隻手，突然間，朝著我的肩膀右後方拍下來——老闆二話不說把我轉向他，將我的小西裝外套掀開，並撂下話：

「我警告你，如果你偷書被我抓到，你就完蛋了！」

頓時，我愣在現場。

沒有多久，一股羞愧感直衝腦門。當下，我沒有哭，也不敢哭。我嚇到了，不知道該如何回應或辯解。

那是我第一次公開被羞辱、被懷疑。

／

從那一刻開始，我漸漸發現我變了，變得更為敏感，更怕犯錯，就如同身上的皮膚被撕裂開來，只要有一丁點的碰觸，都會讓我痛得哇哇大叫。

無盡的焦慮，被啟動了。

我發現，有些事我不願意講，就這樣埋藏在心裡面。與其說不願意講出口，倒不如說是我真的不知道該怎麼開口，不知道該向誰說，不知道該如何說。

這件事情深深地埋藏在小男孩的心裡，一藏就藏了十三年，才終於破土而出，對研究所同學說出口。

／

就從那一刻開始，我的自我要求變得愈來愈高，雖然我也明白非常不合情理，然而許多念頭在腦海裡無法控制，恣意妄為地要出來就出來。

覺察孩子的焦慮危機

從那時起，在我眼前，許多的事物不能帶有任何瑕疵、任何汙點、任何摺痕、任何破損……簡單地說，我不允許有錯，我不能犯錯，我害怕犯錯。

但困難就在這裡了，誰的成長不會犯錯呢？

那一隻手，如同將一張純潔的白紙抹黑，玷汙了我的童稚心靈。

我知道自己的許多行為變得非常奇怪，且必須隱藏起來，不能讓別人知道。

內心那些不合理的想法，更如被深深放在地底下的棺木中，我永遠也不想把蓋子掀開。

／

我熱愛集郵，但此後我總覺得，使用夾子夾郵票，在郵票上會留下夾痕。郵票有了痕跡，好比有了瑕疵，令我渾身不對勁，注意力盡在那無形的痕跡中。我將郵票與郵票之間的邊緣齒孔很謹慎地撕開，卻覺得撕下來後，郵票上的齒孔依然不甚整齊。試著用剪刀剪，剪了下去，又總覺得齒孔剪得不對稱。

青少年時期會手寫信與聖誕卡、賀年卡，但只要有錯字，我二話不說就撕掉信封，揉掉信紙，絕不塗改。

寫字時，我一定得用尺，放在每個字的下緣，讓每個字都寫得工工整整、規規矩矩，保持在同一條基本線上。有一次考試時，我忘了帶尺，結果愣在現場，不知道該如何是好。最後，我只好把學生證當成尺用。監考老師還懷疑我是不是想要作弊。

我不想要有瑕疵，我極盡地焦慮。

我的道德感變得愈來愈強烈。或是說，「被懷疑偷書」這件事讓我愈來愈焦慮，雖然已經過了好多年。

當年只要買書，在書本的蝴蝶頁上，一定會寫下買書的日期、時間與清清楚楚的價錢，並且在最後用力蓋上自己名字的印章。

在蓋下章的那一剎那，證明了一件事：這本書是我買的，我沒有偷。

「蓋章」這件事，有段時間，竟成了一種令我感到最舒暢的儀式。

當書有了摺痕，就是一種不完美。重點是，那股莫名的焦慮感讓我很不舒服。我就是不想要有瑕疵。

為了不讓書角摺起來，我花了許多時間與心思，仔仔細細地為一本一本的書做了保護的書套外衣，不願讓書有任何損傷。從同學的角度來看，覺得我的手工好細，好精緻，甚至於幾度希望我幫他們包書套。可是沒有人瞭解我為什麼要做這些事情。

一直以來，逛書店都是我最喜歡的事，但就從那一次被懷疑偷書後，逛書店卻成了我心中最為矛盾、最為焦慮的日常活動。

每次只要一進入書店，我就會開始擔心是否又會被老闆懷疑偷書。後來，許多店家開始安裝電子防盜器，每當要離開書店時，我心裡總是萬分焦慮：警報器會不會突然間發出嗶嗶聲，警示有人偷書?!

雖然我很明確地告訴自己，我沒有偷書，但心裡面，依然有著強烈的焦慮存在。好痛苦，好痛苦，當時，真的是非常地痛苦。

那個年紀的我，真不知道該如何度過那段極度焦慮的日子。

我就讀臺北商專財政稅務科，修習的專業內容有一個共同點，就是每一件事情都有標準答案，每一件事情也都不允許有任何的出錯。就如同在會計領域，多一塊錢、少一塊錢，不是自己來補上就可以解決的。

我的個性變得愈來愈謹慎，甚至是過度謹慎。所就讀的科系一直在告訴我：所有的事物，都不能犯任何錯。

直到大學插班讀中原大學心理系，我逐漸練習將所學的皮毛的心理學知識，例如認知行為治療，用來改善自己疑似強迫症的問題。

至高雄醫學院行為科學研究所碩士班時，在嚴謹的方法學訓練下，我又開始被自己不合理的想法折騰。

當時關於文獻的引用，我很敏感；精準地說，是非常、非常敏感。眼前的現象都必須有所本。許多的數字與研究資料，都得非常明確、精準。面對一些填寫模糊的問卷時，令我感到極焦慮而痛苦不堪，真的不知道該如何來處理這些有瑕疵的資料。

對於看待數字如此之敏感的我來說，如果沒有把握眼前的這篇研究真正符合了研究方法，我就不太引用任何數字，深怕不慎地錯誤引用，不知會引來周圍的人如何看待有瑕疵的自己。

研究所畢業後，我在八〇二醫院精神科服預官役，退伍的隔天便繼續擔任臨床心理師工作約半年。回到臺北後，換了跑道，在知名的蓋洛普民意調查公司擔任分析員。

當時，我負責三組中的「除錯」組，透過寫程式，將前一組已輸入的原始資料中的錯誤找出來。

我很擅長這項除錯的職務，但在那短短三個月的工作中，卻讓我遭遇更加焦慮而痛苦的經驗，因為我又讓自己處在不能犯錯的狀態。焦慮隨之而來，似鬼魅般如影隨形。

／

少數的朋友知道，在我離開蓋洛普，前往中華民國過動兒協會工作之後，即將跨越三十歲那一年，我毅然決然地做了一個決定：拋棄所有的專業，開一家二手書店（一九九八年十月一日至一九九九年四月二十日），特別是，一家門口不會有防盜器嗶嗶叫，老闆不會質疑客人偷書，書店裡面沒有任何標語寫著「偷書被抓到罰××倍」的「意中舖子二手書買賣店」。

我很清楚地知道，這樣的轉換，是在為自己童年的創傷進行療癒。讓自己在這個空間裡，慢慢地修復過往在光華商場地下室，被舊書店老闆那粗暴的手所玷汙、受了傷的童年。

三十歲那年，結束了二手書店，我又回歸到臨床工作，在振興醫院服務。有段時間在臺北市家庭暴力防治中心協助進行諮商工作。每回，只要經過市民大道、松江路、新生南路，我依然可以感受到，那舊時的光華橋底下，有一個小男孩，正在地下室裡哭泣著。

二〇〇六年一月，由於鐵路地下化等因素，光華橋（光華商場）要被拆掉。當時，我很想去現場親眼看看，就如同柏林圍牆被打掉了，我突然間有一種感覺：對自己來說，這也意味著某個階段的事物，正在改變。

有一回，巴巴文化請我為一本兒童小說《小偷》（王淑芬作品，二〇一四年三月出版）寫推薦序。當時，讀了這本書，心裡面真的很是糾結又難熬，帶著想哭的感覺。閱讀的過程一再地把我拉回到過往被懷疑偷書的那個場景裡。

隨後，在《親子天下》雜誌第六十四期（二〇一五年一月）的跨年專刊上，雜誌邀約了一些作者，分享自己的生命故事。當時，我向太太反映，很想把小時候的這件事情寫出來分享。

太太特別提醒，當我寫了出來，接下來，會有很多人知道這件事，要我再仔細想想。畢竟過往這件事，在我自己的心中是難言之痛。

但最後，我還是寫了下來（請上網搜尋〈「偷書賊」遲來的平反〉）。沒關係的，對我來講，能夠說出來、寫下來，其實是一種慢慢的療癒。

／

後來我為什麼專注於兒童青少年心理諮商與治療工作？為什麼我只想要做兒童青少年的心理服務？

從過往的脈絡走來，我很清楚地知道，**自己實在不想要又因為我們大人的粗糙，或許只是一個小小的動作、短短的一句話，造成孩子內心裡，那不可磨滅的傷害。**

那是永無止境糾纏的焦慮。

結束了二手書店之後，我將許多物品與書讓社區民眾以便宜的價錢帶走。除了一部分的書之外，自己留下了幾樣東西，其中有一幅畫，現在就掛在心理治療所的牆上。

每回看到這幅畫，就會令我想起開書店這件事。就會使我想到過往，在光華商場的地下室，被大人懷疑的小男孩。

那一隻手，把我推入了無盡的焦慮。

《覺察孩子的焦慮危機》

目錄

【前言】我為「焦慮」寫一本書

——孩子的焦慮有了出口，大人也安定

- 你的孩子是否因為焦慮，無法順利地與你分開？
- 是否遇見陌生人，就躲得遠遠的？
- 是否逃避上學？
- 面對考試、比賽、上臺，是否容易過度焦慮？
- 面對人際關係的互動、分組，是否容易焦慮？
- 孩子是否被診斷為自閉症、亞斯伯格症，終其一生，伴隨焦慮？
- 面對壓力，孩子是否被誘發出強迫症？

當然，孩子的焦慮不只這些。

焦慮，有時候說來就來，你完全擋不掉，躲不掉。你不知道焦慮什麼時候會再回來。然而可以確定的是，在這一生中，焦慮會以不同的形式、內容，長期存在。

焦慮永遠無法消失，不可能消失，我們也沒有必要讓它消失。

但是，我們可以慢慢地讓焦慮維持在一小部分，並且在日常生活當中，對我們帶來幫助。我們可以讓自己在遇上焦慮全面來襲時，依然有足夠的心力，逐一去面對與因應，而適時地化解當下的焦慮情緒。

同時經過一次、一次再一次的練習，能夠更加熟練地掌握對於自我焦慮的控制、因應、調適，及面對焦慮、加以化解的能力。並且，讓爸爸、媽媽、老師以及孩子，在面對焦慮時，都能夠學習到有效的因應方式，自我覺察焦慮情緒，調整認知與想法，啟動緩和焦慮的行動。

在這本書中，我針對為兒童、青少年做心理諮商與治療的服務過程中，實務上真真切切所遇到孩子們常見的焦慮問題，鉅細靡遺、周延且完整地呈現出兒童、青

覺察孩子的焦慮危機

少年階段（從學齡前、國小、國中至高中），會遭遇到的各種焦慮情境。

在每一個篇章裡，詳細列舉實際的生活案例，每一個案例都很寫實，在閱讀過程中，你將感覺到就像身旁孩子發生的狀況一樣。

閱讀這本書，我相信可以讓大人鬆一口氣，孩子也鬆一口氣，終於找到一種使得彼此都自在、舒緩，與焦慮和平相處的默契。

我們不能期待孩子遇到問題時，
自己主動開口說出來。
父母、老師在陪伴孩子的過程中，
都要非常細膩地去瞭解孩子。

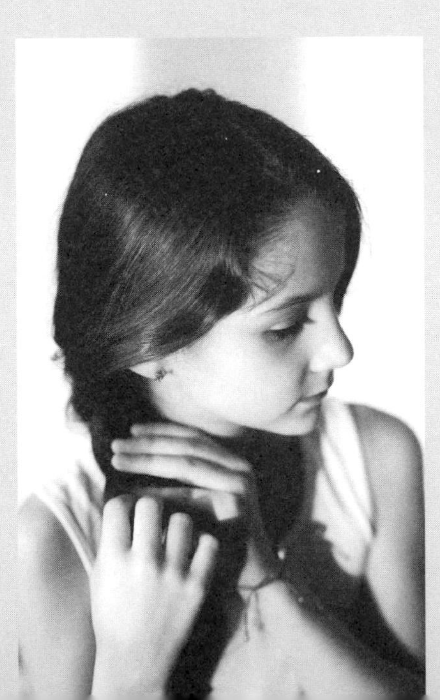

孩子一焦慮，就啃手指甲？

「媽媽，姊姊好噁心哦！她把手指頭放到嘴巴裡面，都是口水。叫她不要碰我的玩具，噁心死了。」弟弟話一說完，立刻將他的玩具抽了回來。

「彤彤，你在幹麼？都已經那麼大了。你把手指頭放在嘴巴裡做什麼？我跟你講了多少次，老是講不聽。」媽媽邊說，邊把彤彤的手從嘴裡拉了出來，朝她的手背拍下去。

「都幾年級了，還這樣，真是的！就不會在弟弟面前做好榜樣嗎？」

彤彤兩個眼珠子直盯著媽媽，也不開口，只是雙手用力拉扯著皺皺的褲子。

「彤彤，我警告你哦，我跟你講了多少遍，你再給我啃指甲看看。手那麼髒，細菌那麼多，跟你講了多少次。手放進嘴巴能看嗎？下次再被我看到，你就完蛋了。」

然而，不管媽媽怎麼念、怎麼罵，講了一次又一次，孩子啃手指甲的畫面仍然一而再、再而三地，在不同的「頻道」上演。她會一邊看手機的YouTube影片，一邊咬著手；一邊寫數學評量，一邊咬著手……媽媽發現，彤彤連對著窗外發呆時，也在咬手。

「到底怎麼搞的？放鬆的時候會啃手指甲；專心做事情時會啃手指甲；沒事做的時候，也在啃手指甲。簡直在找我麻煩嘛！」媽媽感到不以為然，同時也不解，「這孩子幹麼動不動就咬手？難道是口慾期未滿足嗎？」這實在超出媽媽能理解的範圍。

要說彤彤不懂咬手這行為不好嗎？也不盡然，她聰明得很，不可能連這種最基本的道理也不懂。

只是，媽媽實在無法忍受，已經上小學了，還老是講不聽，又不是小baby，真是難看。

好幾次忍不住直接用手打了幾下，啪～啪～啪，但就像拍打蚊子一樣，消滅了一隻，沒多久又來一隻。在那之後有短短的幾天，咬手行為暫時沒有出現。但你也知道的，沒多久，問題又來了。

「講不聽，講不聽，講不聽！為什麼老是講不聽？」媽媽實在是不想再念了。怎麼講都沒用，媽媽實在不知該如何是好。難道，自己真的得被逼著採取更激烈的手段嗎？

陪伴孩子面對焦慮

「焦慮」，需要被懲罰嗎？

讓我們好好來思考：**為什麼孩子咬自己的手指甲，我們卻要用嚴厲的方式威脅他、處罰他、警告他，不准他再做出這樣的舉動？**

你認為，「我已經跟孩子講了好多遍，叫他不要有這種壞習慣，但一直講不聽。最後只好打他、罵他、懲罰他，讓他怕。或許，下次孩子就不敢再做出這種行為。」

孩子啃手指甲的行為在呼救，「幫幫我！我想要擺脫焦慮！」

我們不要只看到行為的表象，而忽略了在這表象底下，孩子所要傳達給我們的訊息。孩子到底在暗示我們什麼？

處在一種自己也難以說出口、難以處理的焦慮情緒中，絕對不是孩子自己自願。不會有孩子告訴你「我想要焦慮」，因為焦慮帶來了不舒服、不愉快的體驗，沒有人想要這樣。

然而，伴隨著這些負面情緒而生的外在行為，孩子這次是用「咬手」來呈現——其實，他已經在發出警報，不時在告訴我們：**「幫幫我！救救我！我想要擺脫這樣的焦慮情緒！」**

我們卻沒有聽到、看到，甚至於我們還誤會他了。

我們沒有察覺自己「忽略」或「誤判」孩子的求救訊息

想像一下，當一個孩子遇到狀況，打了通一一〇電話尋求協助。然而，電話另一端的人卻認為這孩子在開玩笑，說：「小朋友，不要鬧了。」或者直接就把電話掛斷。

甚至於，若孩子繼續打電話，接電話的人這麼警告他說：「如果你再這樣，我就要處罰你了。你不要再開玩笑，不要再浪費我的時間。我已經跟你講了多少次，不要亂打電話。」

這種情況，就像我們告訴孩子，「我已經警告你很多次了，不要再咬手，為什麼都講不聽？」

孩子繼續打電話、繼續啃手指甲，他只是想要告訴你，「幫幫我！救救我！我受不了了！我有危險！我有狀況！」

但我們依然認為孩子老是講不聽，而**忽略了孩子真正要傳達的求救訊息**。或者說，我們沒有察覺到自己選擇了忽略，甚至於誤判。

而我們還因此處罰或指責孩子……

看到這裡，你有沒有發現自己似乎做錯了什麼？

別將焦慮強押（壓）至「地下室」

當孩子咬手，別再只是對孩子說：「你不要再咬了！」

面對焦慮行為，不要再採取威脅與責罵的方式了，因為我們都還沒有弄清楚，是什麼樣的原因促使孩子做出這樣的舉動。當我們直接採取壓制的方式，只是讓孩子將焦慮的情緒壓抑下去，有如從二、三樓押（壓）至地下一、二樓。

壓抑焦慮，並不等同於焦慮被釋放、被舒緩，而只是讓焦慮被擱置在底下，沒有進行處理，甚至於演變為後來你無法預期的局面。

有些孩子雖然不咬手了，但是，他可能轉為拔頭髮、眨眼、聳肩或發出怪聲。你必須知道，**孩子自己並不想要這樣**。畢竟，過度的焦慮對孩子帶來的只有痛苦難耐。事實上，有些孩子自己也沒辦法控制，因為他也不知道到底發生了什麼事。

給孩子「情緒支持」，別妄下評斷

請陪伴在孩子身邊，試著去體會孩子面對焦慮情緒時的感受。

先不要有任何的批判、評價或論斷，認為他應該怎樣、不應該怎樣，甚至於責怪他是自己想太多或自討苦吃。

沒有人想要想太多。有時想太多，是自己無法控制的啊。

先把你的情緒擱置在一旁

發現孩子咬手時，先暫時把你自己的情緒擱置在一旁。

藉由一些行動轉移孩子的注意力。比如抱抱他、安撫他、拍拍他的手，或是帶著他散散步、玩玩遊戲。先讓孩子的焦慮情緒緩和下來再說。

尋找讓孩子感覺最舒緩的狀態

因為壓力而感到焦慮時，可以嘗試從事讓自己放鬆的活動。與孩子一起尋找令他感到最舒緩的狀態。例如：孩子在泡澡時放鬆，散步時放鬆，游泳時放鬆，吹吹風放鬆，聽音樂放鬆。有了明確的放鬆模式，孩子就比較容易有一個判斷的依據。

在這些放鬆的情況下，讓孩子感受到自己處於一種低耗能、不耗電的狀態。此時，身心沒什麼負擔，且能夠維持在一種相對有精神的狀態，以主觀的感受來形容，就是輕鬆、舒服、自在。

引導孩子接納自己的焦慮。讓孩子瞭解，**當自己的焦慮情緒升起時，可以直接暫停當下的活動，而選擇去做一些低耗能、不需要太耗腦力的活動，先讓自己藉由改變活動，適時地舒緩焦慮。**

自我安撫

當孩子的焦慮指數偏高到他自己已無法招架時，則需要我們大人引導孩子進行「自我安撫」。以韓劇《雖然是精神病但沒關係》的經典畫面為例，「自我安撫」可以有各種排列組合的方式，例如：張開眼睛或閉上眼睛，接著兩隻手交叉，輕輕擺放在自己的肩膀上，或是重重擺放在自己的肩膀上。

也可以輕輕拍、重重拍、慢慢拍或快速拍。沒有一定的標準做法，可以讓孩子試著做做看，以找出最適合自己舒緩情緒的方法。

提醒自己，讓焦慮舒緩的方式，沒有「一定非得如何不可」的執著。找出比較容易讓自己進入放鬆狀態的方法。

打破執著，讓自己的思考有彈性，也是另外一種讓自己舒緩焦慮的方法。

孩子一焦慮，就口吃？

鵑鵑吞了吞口水，說：「我—我—想—想—想要去—去—去廁所，老—老師，可—可不可—可—以？」

好不容易終於講完了，鵑鵑又吞了吞口水，滿臉尷尬。班上的同學們笑成了一團。

可晴刻意模仿鵑鵑，「老—老—老—師—師，我想—想—想……」還沒說完，同學們再度笑成一團。

「可晴，你在做什麼？這麼沒禮貌。幹麼模仿鵑鵑，多傷人啊！」老師先阻止可晴，接著對鵑鵑說：「鵑鵑，想去上廁所就趕快去。只是上個廁所而已，有什麼好緊張的，說個話吞吞吐吐地。快去快回。」老師話一講完，鵲鵲立即手遮著臉衝出教室。

鵲鵲感到很挫折而羞愧，她明明很清楚自己要講什麼，但為什麼每次話一開口，就斷斷續續地像接觸不良般，沒有辦法把話說得順暢。

在教室裡，鵲鵲是不會主動去找同學說話的。她覺得這麼做簡直是自曝其短，對自己有如一種自殺式攻擊，她的結巴馬上就會露餡。

但是同學們時常會刻意地靠近她，有人會問：「鵲鵲，明天數學考試的範圍是哪裡啊？」其他人則像看熱鬧般，眼睛瞪得大大的圍觀，可以預期即將發生什麼事。

不用想，你也知道——鵲鵲又口吃了。她勉強擠出幾個字，「數學—學—學—學第—第—第—第——」

有人故意打斷她，追問：「到底是第幾單元啊？」

另外有人則故意回說：「白痴喔，誰不知道啊！還要問？等她說出來都不知道民國幾年了。」

隨後，這群好捉弄人的同學們鳥獸散，留下超尷尬的鵲鵲愣在原地。

陪伴孩子面對焦慮

放慢說話的速度

你一定有這種經驗：當你眼前的這個人說話音調非常高亢、語速非常急促時，從他說話的音頻、語調，就讓你的情緒整個糾結起來，愈聽他說，愈是焦慮。

對焦慮的孩子說話時，語氣和緩，不催促

因此，面對容易焦慮的孩子，在和他說話時，我們可以放慢說話速度，同時試著將音調往下壓，慢慢地說，語氣和緩地說，不要催促孩子。

透過我們比較和緩的語氣，有助於讓孩子的情緒慢慢地緩和下來。

教孩子學習愈是焦慮，愈要深呼吸，慢慢說

可以讓孩子練習以不疾不徐的方式，慢慢地說，和緩地說。先做一個深呼吸，接著把自己已經想好了的事情，慢慢地說出口。

在說的過程中，逐漸地調整自己的呼吸、自己的語氣、自己的頻率與自己的節奏，進而慢慢地掌握自己的身心狀態。藉由說話的方法來回饋自己，幫助自己的焦慮反應逐漸降低。

你可以試試看這麼做：當你話說得很「急」時，與話說得很「緩和」時，自我覺察一下自己在這兩種情況下的情緒，是怎麼樣的。

也可以讓孩子一起聆聽看看，身旁的同學、朋友、家人和老師，或是出現在電視裡、YouTube上的人物，他們是如何說話的。**幫助孩子瞭解怎樣的說話方式，他聽起來感到比較舒服、比較自在，覺得整個人是比較放鬆的。**

透過這樣釐清的過程，孩子將漸漸地更清楚，也就能找出讓自己變得更自在的講話方式。

大人與孩子都要練習「說」，一次再一次的練習

練習說出來，一次、一次、一次又一次。

我們聽了或看了好多方法，但是如果沒有實際練習「說」，能得到的幫助是有限的。

很多事情需要練習。關於焦慮控制，我們和孩子都需要練習，真的需要不斷的

練習。

經過一次又一次的練習，才有辦法逐漸掌握自己的狀態，逐漸瞭解到，自己要怎麼說、怎麼做，以及怎麼進行改變。

當爸媽自己很焦慮時……

可以確定的是，當父母很焦躁時，這樣的感覺與氛圍一定會感染給孩子，無形中，也讓孩子的情緒處在不穩定狀態。

有時，我們說話的音調、語氣、音量或說話的模式、說話的流暢性等，如果明顯地緊繃，往往也會讓接收的孩子整個情緒瞬時緊張，焦慮油然而生。

你注意到了嗎？當我們說話速度變得很急、很快時，孩子的情緒也會隨之變得躁動。

大人必須練習，說話不疾不徐

試著說話不疾不徐，這是一個必須練習的方式。

我們先試著穩住自己的情緒，並且把自己要說的話，在腦海裡先醞釀過一遍又一遍，讓這些話可以順著時間，慢慢地向孩子說出口。在說的過程中，要掌握我們說話的力道，該停頓的時候停頓，讓孩子能夠順利接收，並且有機會做出反應。

否則，我們講了太多，又太急、太快，孩子在第一時間是無法全然接收的。而當孩子沒有明確回應我們的問題時，又加深我們的浮躁情緒，使我們說話變得更急、更快。

我們可以聆聽，哪些人的說話聲音會讓我們聽起來很平靜、很舒服、很愉悅，這可作為參考指標。

你可以透過廣播或Podcast音頻，聽聽看那些說話的人們是如何表達，而讓聽眾可以感受到情緒的穩定。

關於大人自己的焦慮情緒，只要我們能夠事先自我覺察，就有機會調整，將適當的說話語氣、語句、語調與音量，好好地傳遞給孩子。

我們每一次說話，都是一次練習。請注視著孩子，再開口。並且每說到一個段落便暫停，說到關鍵字前也暫停，再加強語氣說出來。

別說「我沒辦法，我就是這樣」

你可能會反映：「我沒辦法啊，我的個性就是這麼急躁。」關鍵就在這裡，我們大人可以說沒辦法，然後呢？孩子總不能也說沒辦法吧？

既然沒辦法，那就表示我們真的需要解決它。有些事情是需要透過不斷地練習再練習，修正再修正。

試著覺察：當我們說「我沒辦法」時，情緒是否維持在平穩的狀態？

面對焦慮，其實是一場**不斷地「覺察↓微調↓修正↓覺察↓微調↓修正……」的動態過程。**

找出孩子口吃的成因

由於每個孩子口吃的原因都不同，可以考量孩子的「輸入」（**接收外在訊息**）以及「輸出」（**自我表達**）的方式。

讓孩子有流暢說話的「成功經驗」

如果你發現孩子的輸入方式比較適合用聽覺的，可以先透過說故事的方式，讓孩子聽；在孩子聽完之後，練習把自己聽到的內容說出來。

這樣做的目的，主要在於讓孩子可以有一些「成功」的經驗，順利地流暢完成了說話這件事，減少他總是認為「只要我講話，一定會結巴」的自我預言，而造成心理上的障礙。

有些孩子則是你念一句，他可以跟著念一句。這樣的孩子在「提取」自己所接收的訊息上，是比較容易、比較順利的。

「說」的過程，沒有標準答案

有的孩子在組織思考、提取話語的表達上，並不是那麼容易，雖然知道要說什麼，但就是說不出來。

有些練習是得反覆進行的，例如讓孩子看圖說故事，先讓他瞭解，在這個「說」的過程中並沒有標準答案，由孩子透過「視覺理解」的方式，把圖畫中的故事內容清楚地說出來。

也許孩子說得斷斷續續，但沒關係，再讓孩子說第二遍、說第三遍……在他說的過程中，如果出現口吃，**我們不做任何打斷、糾正**。隨後，可以這麼練習：由我們先說，接著再讓孩子反覆地講。

陪伴孩子找到最適合自己的「輸出」與「輸入」方式

就像孩子在練習背臺詞一樣，每個人背臺詞的方式不同，有的是用聽的方式，有的是自己讀臺詞，有的是看別人說的方式……

在這當中，我們陪伴孩子，試著去找到每個人最適合的「輸出」與「輸入」。

舒緩焦慮，請給自己彈性，學會華麗轉身

面對自己的焦慮，就像在跳一場舞：有時該轉身，或是換個舞伴，或者該先停下來，仔細想想是否要換首舞曲；有時則考慮是否要稍微退場，休息一下，或者思考自己的舞步是否過於凌亂，或是回到自己最擅長的舞姿，華爾滋、恰恰、吉魯巴……

適合自己的，就是好的紓壓方式

紓壓沒有「非怎麼做不可」的方式。我們要協助孩子瞭解，關於處理焦慮、紓

解壓力與緩和焦慮，並非一定要做什麼樣的活動。活動有很多，陪伴孩子去選擇一個適合他的方式，不盡然一定要散步，一定要泡澡，一定要閱讀或者是吹吹風。

沒有人規定一定要採取什麼樣的方式。重要的是讓孩子明白紓壓方法有各式各樣，這些都可以當成參考。就如同打開一份菜單，裡面琳琅滿目的佳餚美味，每一個人可以各取所需。

讓孩子找到情緒平穩的「基準點」

或許孩子一下子面對這麼多的方法會無所適從，我們就以孩子日常生活中，最容易體驗、做到的方式，一起陪伴他練習。

在這練習的過程中，提醒孩子不時地**感受自己的呼吸**、**心跳**、**血壓**、**脈搏**，**去感受自己真正的「情緒平穩」是在什麼樣的狀態**。

讓孩子找到一個情緒平穩的基準點，把這個當成一項指標。也就是說，在我們做了一些活動與練習之後，最終的目的都是要回到這個平穩的狀態。

紓壓，沒有「非怎麼做不可」的方式

並且請提醒自己：不一定就非得如何不可，紓壓沒有「非怎麼做不可」的方式。我們感到焦慮，有很大一部分的原因是我們常常都得符合周圍的人（例如爸爸、媽媽、老師）希望我們怎麼做。但有時，別人做了A有作用，自己練習A卻沒效果，反而讓你開始懷疑起自己、自我否定，覺得：是不是自己真的那麼糟糕？為什麼人家散步、泡澡、閱讀或吹吹風，就可以讓自己的焦慮緩和，但我卻不行？

其實，沒有人說一定得怎麼做才行。**給自己一些彈性，找出適合自己的方式，**一定可以緩和焦慮。

孩子有分離焦慮？

「你能不能不要再哭了？趕快進教室！太陽那麼大，你一直站在這裡很熱的。我們趕快進教室，放學時，媽媽就會來接你了。」

不管瑪莉老師怎麼苦口婆心地勸說，小蓮依然一直在哭。

「我要回家！我要回家！……老師，我可以回家嗎？我媽媽什麼時候會來？我要找媽媽，我不要上學。我要回家……」

「你都已經來到學校了，還在說不要上學，真的別鬧了。快點，其他小朋友都在教室裡面了，趕快進去。進去之後，老師多拿一些點心給你好不好？今天上課很好玩的。」

瑪莉老師軟硬兼施，但小蓮始終不為所動。

「搞什麼鬼，只是上個幼兒園，哭了老半天。班上還有那麼多小朋友需要照顧，你不進教室，我怎麼上課。不如請假別來算了。」瑪莉老師嘴巴嘀咕著。

小蓮聽了這些話，繼續放聲大哭。

瑪莉老師已經受不了了，「我的耐心也是有限的，如果你再不進來，就在這邊站著，我不管你了。都已經中班了，還長不大？」

瑪莉老師說完，作勢轉身就走，但小蓮只是繼續站在原地，並且愈哭愈淒厲，完全沒有要跟著進教室的跡象。

顯然，這招對小蓮來說一點作用都沒有。

無法順利地讓小蓮進教室，讓瑪莉老師十分懊惱，心想：「早知道就不要讓小蓮的媽媽那麼快離開了。直接幫孩子請假，把她帶回家，就不會有這些煩惱……」

而現在自己和小蓮都站在幼兒園門口晒太陽，瑪莉老師實在不知如何是好。

孩子有分離焦慮，怎麼辦？

陪伴孩子面對焦慮

分離焦慮的核心概念

「分離焦慮」的定義是：當主要照顧者（例如媽媽、保母、奶奶、外婆等）離開孩子的視線時，孩子很明顯地出現焦慮反應，並且持續很長一段時間。

這牽涉到孩子的「依附關係」的發展，即孩子與主要照顧者之間（此篇以母親為例），最早的情感建立是否順利。

若依附關係的發展不理想，孩子的安全感、對大人的信賴感也沒有獲得適當發展。因此，當媽媽離開了他的視線範圍，莫名的焦慮便頓時湧現。同時，孩子很容易過度放大憂慮，擔心媽媽會不會發生什麼事情，是不是離開之後就不會再回來。

分離焦慮涉及了依附關係的建立，也就是說，**分離焦慮其實牽涉到兩人之間的關係及互動。因此，不只是孩子需要改變而已，媽媽（主要照顧者）的反應也是關鍵。**

對於孩子的難分難捨，「強迫分離」是大忌

「分離焦慮」往往對第一線老師造成很大的困擾，尤其若孩子一直杵在教室門口或校門口，不願進學校，老師後續的課堂教學也將明顯受到影響。

孩子一直在教室外哭泣，特別是不斷哭喊著要找媽媽，也會引發教室裡其他敏感的孩子放聲大哭，吵著：「我也要找媽媽。」一個連帶地影響另一個……最後哭成一團，不但令幼兒園老師感到十分頭痛，在這種狀態下，孩子也很難學習，以及與其他小朋友進行互動。

不過，面對分離焦慮，最忌諱採取強迫的方式硬將孩子和媽媽分開。因為這時媽媽強硬地離開，反而容易造成孩子對於分離產生過度的情緒反彈，更加劇他對於「和媽媽分離」這件事情的情緒反應。

暫時性的陪讀

那麼，是否要讓媽媽陪同孩子進入幼兒園一段時間呢？

適度的陪讀，有其階段性與必要性。而**是否實行，則以「孩子和媽媽可以分開**

的程度」來做決定。

如果孩子無法跨進學校，就需要啟動陪讀的做法。

有些孩子很敏感，媽媽只要有任何舉動，孩子就會明顯地抓住媽媽，就像無尾熊抱住尤加利樹，或者袋鼠寶寶與袋鼠媽媽緊緊相連一樣。所以媽媽陪同孩子在教室裡時，最好就只是靜靜地陪伴在身旁，不與孩子進行太多的互動，這有助於孩子漸漸地將注意力轉移到對於課程活動的關注。

當孩子逐漸對幼兒園的活動產生了興趣，注意力也逐漸從媽媽位移到教室裡的活動，分離焦慮也漸漸緩和了下來。

啟動無壓力的活動

孩子進了幼兒園後，為了避免他把注意力一直聚焦在即將離開的媽媽身上，我們可以藉由吸引孩子的活動，來讓他的注意力進行適度轉移。

在課堂上，對孩子的要求可以暫時減少，以免讓孩子產生一些壓力。對於有些孩子來說，當壓力一上來時，很容易又會開始想要尋求對於媽媽的依賴。

因此，「一大早的課堂活動要如何吸引孩子」，這可以是老師在活動設計上，思考的一個切入點。

從媽媽轉移至老師，依附對象的過渡性位移

試著讓孩子將注意力逐漸從媽媽轉移到幼兒園老師身上，這有助於降低孩子分離焦慮的程度。

這是一個過渡階段，協助孩子把情感對象轉移至另外一位他信任的大人，**至少在這個情境裡，讓孩子能夠先維持他的安全感。**

雖然對於老師來講，孩子過度地黏附自己，會對教學帶來困擾，但至少讓有分離焦慮的孩子願意待在教室裡，多少會有些學習上的成效。

讓孩子逐漸建立對於教室裡的安全感，以及對於老師的信賴感。

無論如何，都千萬不要「不告而別」

特別提醒：不要在沒有告知孩子的情況下，突然離開孩子。這種狀況往往會造成孩子極度的焦慮、恐慌。

從家裡開始練習

建議從在家裡開始做起，適時且具體地告訴孩子，接下來你要做什麼事情。例如在家裡時，除了媽媽之外，還有爸爸在。當媽媽要離開孩子的視線時，清楚地告訴孩子：

「小蓮，媽媽去陽臺晒衣服，晒完衣服，我就下來了。」

「小蓮，媽媽現在去洗澡，你跟爸爸在客廳玩。」

「小蓮，媽媽現在要去倒垃圾，倒完，媽媽就上來。你先和爸爸一起玩。」

而且提醒自己，**說到做到**。

選擇告訴孩子的「恰當時間點」

也許一開始，孩子會想要黏著你，跟著你一起去，因此，選擇告訴孩子的「恰當時間點」是非常重要的。

講的時間點，可以當孩子專注於遊戲活動，或是孩子和其他照顧者（比如爸爸）一起玩遊戲或看卡通時，媽媽離開會比較容易。

一開始，在離開孩子的視線前必須先說明。

不過，如果經過一次一次的練習，逐漸發現孩子似乎比較能接受自己離開視線，而沒有明顯的焦慮反應出現，就可以嘗試逐漸地直接離開，不再主動告知孩子，而是讓分離自然而然地發生，讓孩子瞭解媽媽在這個當下，就是要去陽臺晒衣服、去洗澡或者倒垃圾。

漸漸地，從媽媽手上拿的物品（例如是一籃衣服、換洗衣服或是垃圾袋），孩子就明白，媽媽這時要去做什麼事。**當孩子可以預期媽媽在做完這些事情後，就會再回到他的視線裡，對於媽媽的離開便會感到相對地安心。**

與孩子一起編寫「分離焦慮」的故事

我們來編寫一段關於分離焦慮的故事，並且可以引導孩子自行改編內容。

先進行主角設定，比如小鴨子、小兔子、小貓咪、小熊、小狗等，也可以包括小朋友自己，同時也要設定媽媽的角色。

故事開始，媽媽離開了主角的視線，也許是去覓食、買菜、洗澡、上廁所、喝下午茶……任何活動都可以，這時讓孩子動腦想想並揣摩主角的心情、感受。

故事：〈鴨媽媽不告而別〉

鴨媽媽見小鴨子在睡覺，沒有叫醒牠，向鴨爸爸交代了一下，就轉身離開去美容院洗頭髮了。

小鴨子醒來後，焦慮不安地在池塘裡游來游去，急著找媽媽。

「媽媽去哪裡了？為什麼不見了？整個池塘裡，我都找不到媽媽。媽媽到底在哪裡？」

小鴨子不斷地呱呱呱，呱呱呱，不斷地問鴨爸爸：

「媽媽去哪裡了？媽媽什麼時候回來？」

小鴨子的腦袋裡，浮現出好多令自己狂冒鴨汗的畫面……

「媽媽會不會不回家了？」

「媽媽會不會變成烤鴨？」

「媽媽會不會變成老闆的鴨箱寶？」

覺察孩子的焦慮危機

「媽媽會不會變成宜蘭鴨賞？」
「媽媽會不會變成東山鴨頭？」
害怕、恐懼，在牠的腦海裡，不斷湧現。

讓孩子明白自己的想像（認知），會左右自己的情緒反應

你可以繼續改編成不同的故事，例如，鴨媽媽出門前有告訴小鴨子，她要去市場買菜，叫牠和鴨爸爸待在池塘裡。

讓孩子參與改編故事的過程，加上討論，孩子的印象會更加深刻。引導孩子瞭解他怎麼想像（認知），會左右他後來的情緒反應（焦慮或其他）。如果小鴨子的想像是鴨媽媽會帶好吃的甜圈圈回池塘，那麼有鴨爸爸在旁邊陪伴，會令牠感到安心與期待。

我們怎麼想、思緒怎麼走，也會決定我們接下來的情緒如何變化。

你也可以把故事拉回孩子切身的經驗上，例如為什麼有些小朋友離開媽媽去上學，可以非常自在，但有些小朋友卻非常難受，擔心在自己看不到的地方，媽媽會

不會發生什麼事情。

放手讓孩子天馬行空地腦力激盪，把媽媽離開自己的視線後會發生的各種可能狀況，逐一說出來。比如小鴨子擔心鴨媽媽變成東山鴨頭或烤鴨，雖然不是那麼合理，但你不能說不對。

這也有助於讓孩子瞭解，**每個人有各自不同的想法，這些想法沒有對錯、沒有好壞，我們要尊重每個人有自己的經驗。**

孩子對陌生人焦慮？

「哇，弟弟好可愛哦！幾歲啦？」琳達阿姨把伴手禮交給媽媽之後，趨前伸開雙臂，熱情地想要擁抱恩恩。恩恩卻快速地退回到媽媽的身後。

「恩恩，跟阿姨打招呼，不要這麼沒禮貌。琳達阿姨在跟你問好啊。」媽媽對恩恩說，但恩恩緊閉著雙唇，像遭受驚嚇的花貓一樣，兩眼直瞪視著琳達阿姨。

「別害羞嘛。幹麼躲在媽媽身後呢？我已經很久沒見到你了耶。你剛出生的時候，阿姨可是抱過你哦。」

不管琳達阿姨怎麼說，恩恩依然不為所動。

媽媽有些耐不住脾氣了，「恩恩，你再這麼不聽話，再這麼沒禮貌，媽媽要生氣了哦！過去，過去，跟阿姨打招呼。」媽媽邊說，邊推著恩恩，但孩子的身體硬邦邦的，像木頭一樣動也不動。

「你這個孩子真是的，剛才玩的時候活蹦亂跳，嘻嘻哈哈的，怎麼見到阿姨就突然間變成另外一個人？」

「沒關係，沒關係，不要勉強他，阿姨跟你揮揮手就好了。不怕，不怕，恩恩不怕。」琳達阿姨有些尷尬地揮著手。

媽媽板著臉，嘴裡嘀咕著：「真是讓我丟臉死了。不好意思，不好意思……」

媽媽邊說，一隻手偷偷捏了恩恩的手臂一把，恩恩痛得哇哇哭了起來。

曾幾何時，打招呼變成孩子最為焦慮的事情，也是最為厭惡的事情。

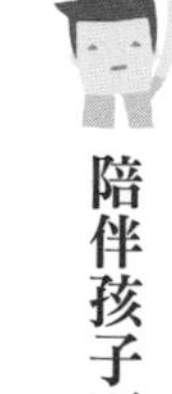

陪伴孩子面對焦慮

對陌生人焦慮，是孩子自我保護的「本能」

對陌生人感到焦慮，這是一種很本能的自我保護方式。畢竟對孩子來講，眼前的這個人，他並不熟悉，而令他產生了威脅性與不安全感。

孩子透過哭鬧、尖叫的情緒行為反應，就如同發出警報器，提醒父母前來保護自己，讓自己與眼前的陌生人維持在一種安全距離的狀態。

在此，對於「陌生人」的設定，主要是以孩子是否熟悉為原則。也許這個人是爸爸或媽媽在工作上或生活上的朋友，或者以前的同學，但是對於孩子而言仍然是陌生的。

大人是否認識，與孩子熟悉與否是兩回事。站在孩子的角度，這個人對自己來說就是陌生人，我們要避免以大人的關係來設定。

若我們身為陌生人……
「跟孩子玩」和「玩孩子」是不同的

如果我們是孩子眼中的陌生人，要對他表達善意，可以和孩子一起玩。這和「玩孩子」可是不同的概念。

既然是一起玩，我們就希望讓孩子感受到愉悅，露出淺淺的微笑或者笑開懷。善意地表達對孩子的喜歡，並不需要用手去觸摸他的臉頰、捏他的屁股或摸她的頭髮。更絕對不要偷親一下。

雖然覺得眼前的孩子可愛，但彼此之間依然得維持界限，這是一種**相互尊重**。無論孩子懂不懂，但至少大人要能夠瞭解與遵守。

別逼得孩子打招呼只剩形式

到底該不該教孩子看到大人要主動打招呼？對於這一點，我持保留態度。不見得非得要孩子主動走上前，露出笑容，揮揮手，熱情地喊：「叔叔好！」

「阿姨好！」這種打招呼的方式很刻板，而且也並非真得如此不可。

有時，孩子只是看著對方，點個頭，淺淺地微笑，這也是一種打招呼。

打招呼，別強人所難

與其強迫孩子主動向大人打招呼，倒不如由大人主動，不帶威脅性地跟孩子打招呼。

關於這一點，也許你有疑問：「有啊，我都有主動和孩子打招呼，但是他都沒什麼反應。」這讓你有一種熱臉貼冷屁股的感覺。

不過，打招呼這件事真的不能強人所難，也不能光要求孩子一定要有回應。**我們愈是刻意要求孩子主動跟大人打招呼，對於這件事，孩子就會愈來愈排斥，尤其這是自己不想做的事情。**

打招呼，應該是非常自然而然的。

在此特別提醒大人，千萬不要再這樣對孩子說：「怎麼不跟老師打招呼？你再不打招呼，我們就不要回家。」「我剛才已經跟你講過了喔，怎麼不聽話？這麼沒禮貌。」愈是這樣的恐嚇、威脅和勒索，反而愈會逼得孩子更厭惡眼前這個大人，和厭惡打招呼這件事。

臨床測試：別讓娃娃哭鬧

有一個方法，我們可以用來測試自己的特質（這對於兒童青少年領域的心理師和治療師也適用）。

面對學齡前的孩子，特別是嬰幼兒，如何讓孩子眼神專注地看著你，甚至對著你笑、揮揮手，而不至於出現驚嚇、害怕的反應？

如果孩子一轉頭看到你，就馬上放聲大哭，除了想想是否自己的顏值嚇到了他，更要認真思考的是：**我們的反應，是否帶給孩子威脅感**。

在此我要強調的是：我們可以不具威脅性地主動和孩子打招呼，而孩子其實也正在觀察著我們是否友善或好玩。

眼神注視：要小心運用的技巧

如果與孩子四眼相對時，從他的眼神中反映的是一種焦慮，那麼在和他互動時，必須避免一直要求或強調他的眼睛一定要看著我們。

過度強調這一點，反而更使孩子過度聚焦在「眼神注視」上，而更容易升高他的焦慮指數，於是，**你愈叫他做（眼睛看著你），孩子愈緊張，愈想逃避。**

那麼，我們可以怎麼辦呢？

雖然孩子無法直視我們，但至少我們可以注視他。當我們很自然地與其對話時，孩子可以在這樣的互動過程中慢慢地評估，和我們的對話是否令他有威脅感，以及他原本所擔心的是否會發生。

善用「媒介」，作為溝通的潤滑劑

當孩子表現得尷尬、不自在時，我們可以利用比較容易吸引孩子注視的一些物品，作為彼此溝通的「媒介」。

有些孩子不習慣，一開始，眼神會不時位移，一會兒停留在物品上，一會兒與你的眼神交會。可以用漸進的方式，讓孩子慢慢學會眼睛要往哪裡看，逐漸地就熟練了。

讓孩子明白，我們期待與他有眼神接觸，並不是指眼睛一直要盯住對方不動，而是可以適度進行位移的。比如有時候會**藉由身體的移動、姿勢的擺動，把注意力轉**

移到別處，而不是一直盯著對方看，這反而會讓對方覺得不自在，自己也會不自在。

要提升孩子的眼神接觸能力，也可以透過一些遊戲或活動，其中最常使用、也比較容易進行的方式是「丟接球」：雙方相隔適度的距離，進行丟、接球。在傳球的過程中，能讓孩子很自然地把眼神聚焦在我們的視線上。

創造友善的互動氣氛

要讓孩子覺得你有善意，在於他覺得你是一個好玩、有意思的人。比如你的一個眼神或微微牽動嘴角，使他對你產生好奇及注意，或是你從自己身上拿出小飾品或玩具，做出一個小小的動作，讓孩子持續關注你。

如果你就像孩子的大玩偶，是不具威脅感的，孩子就會對著你笑。有些大人會刻意扮鬼臉，但是請記得，這個鬼臉不要突然間嚇到了孩子，而是能讓孩子會心一笑的。

誰說「微笑」不是一種打招呼的方式呢？

擔心貼文沒人關注或按讚，孩子好焦慮？

敏如不時滑著自己的臉書更新。很納悶為什麼小鈴鐺上面未特別顯示有人按讚的信息。是不是自己這次的照片和貼文太不吸引人了？

「沒關係，我把它砍掉，再重來一張。這次，我乾脆把文字寫得誇張一點，照片用濾鏡加工，後製得明顯一點。這樣按讚的人一定會多很多。」

這麼一想，敏如感到振奮了一些。不過，一直盯著手機螢幕看，讓她有很多事情停擺了。而她自己也說不上來，要這些讚到底有什麼用。

小鈴鐺上，開始出現了數字：1、2、3……沒多久，已經有五個人按讚了。

敏如非常興奮，馬上回覆了一些感謝的貼圖。

只是，怎麼又是十分鐘過去了，接著半個小時過去了……小鈴鐺上一直都沒有訊息通知。

按讚數又停止了，敏如的心情又轉為焦慮、不安。對於「被按讚」，其實她有種說不出來的矛盾感覺，又愛又討厭地，眼睛一直盯著小鈴鐺，期待上面的數字有變化。

這樣的莫名焦慮，促使敏如三不五時就上傳新的動態，頻繁的貼文引來了班上同學們的嘲諷和抱怨：

「真的是在刷存在感！」

「哪有那麼多事情好寫。以為自己是新聞臺，是網紅嗎？」

「對嘛，洗板喔？」

甚至有同學揚言要封鎖敏如。

同學們的反應也讓敏如的心裡糾結起來，困惑地想著：「我到底在幹麼呢？」

然而，被關注、被接受，這是敏如內心一股很大的欲望與需求。

但是另一方面，她又非常納悶：為什麼班上的小華只是寫了一段廢文，按讚、愛心或追蹤她的人卻有一大堆？

為什麼會有這樣的差別？為什麼小華這麼受歡迎，而自己就像邊緣人一樣，無論在虛擬世界、臉書或ＩＧ，都像陷入冷凍庫裡冰凍著，沒有人關注。

有一段時間，敏如沮喪到想要刪除臉書帳號。然而她又擔心，假如帳號真的刪除，自己好不容易累積的一百多個臉書朋友就全都消失不見了。

雖然她也知道這一百多個朋友，還是自己廣發交友邀請而得來的。甚至為此被檢舉，臉書遭停權數次。

一旦刪除了帳號，又要重新來過一次，她沒有把握是否可以再獲得這麼多人加入朋友。

敏如好焦慮。

陪伴孩子面對焦慮

帶孩子思考：

「被按讚」是一種誘惑，也可能是一個陷阱

不只兒童、青少年，許多成人也是如此，使用社群平臺時，很自然地傾向與期待被關注。受人關注的滿足感就像賭贏的那瞬間，這種賭博式的回饋在在增強著我們繼續流連於社群網站。

建議你和孩子一起想想：在社群網站（比如臉書）上按讚、回覆等，這些代表什麼？我們花了那麼多時間和心思，只為了小鈴鐺上面紅色數字的變化，**這樣的讚和回覆，對自己來說有多大的意義？**

與孩子討論：
為什麼他期待受到認同？

一個人期待被看見、期待受到關注，是很自然的事，因為在這背後充滿了被肯定與被認同。我們可以進一步與孩子討論**「他期待被肯定、被認同的地方是什麼」**：是他的作為？說了一句話？後製了一張照片？還是接受他這個人？

而在獲得認同之後的感受呢？他是多了自我肯定，對自己更有自信、更接納自己、更喜歡自己？還是存有一種刻板印象，認為自己是所謂的「網紅」？

迴避負面訊息的練習

有的孩子特別需要迴避不必要的訊息、關掉不必要的互動，尤其是當孩子過度關注網友的回應時，比如臉書、LINE群組裡是否有人在談論自己，以及別人對自己說了什麼話等。

我們很容易聚焦於負評

在這些不必要的訊息中，假設有一百則留言，其中有九十五則是正向的，但是另外五則傾向於負面批評時，我們的注意力很容易聚焦在這五則回應上，而造成情緒受到干擾及波動，進而影響接下來要做的事。

以我自己來說，仍然在練習「如何面對負評」這件事。我知道自己對於一些言論、留言和反應，特別是文字的表達，依然是很在乎的，因此不瞞你說，到目前為止，我都不太看自己演講後，聽眾的回饋。

不是每一個人都有足夠的抗壓性，面對負面訊息時，都能夠如鋼鐵般強而有力地去抵擋，或者像海綿般吸收及化解。

我們要清楚自己的能力到哪裡

或許你會質疑：不留意聽眾的回饋，如何作為下次改進演講表現的參考？

我的做法是充分地自我覺察，在演講現場感受聽眾的直接反應。關於這一點，我很有把握自己的細膩觀察有助於適時修正。

我們要非常清楚自己的能力到哪裡，沒有必要自我暴露在太多的負面訊息上，這樣只會徒增心思、時間、能力與專注力的耗損，而讓自己更加焦慮及困擾。

找出充滿正向能量的語句，調整認知角度

讓孩子瞭解，有時候是我們太急於對眼前的事物下結論，而容易產生負面想法，並且常常沒有經過思考，就任由這些負面想法影響到自己的思緒與情緒，還以為很多事情都會如預期那樣糟糕。

我們可以練習以比較合理的角度、方式來思考。

日常生活中就有許多文本，比如電影、雜誌、文章、繪本、書籍，以及一些生

活對話，我們可以從中找到足以激發「正能量」的字句。

正向能量的語句，並非讓人忽略眼前的現實狀況，而主要是使我們有機會透過不同的角度解釋情況，進而瞭解對於同一件事情，可以有許多不同的解讀面向。

運用這個練習，足以改變看待事物的習慣。一旦孩子熟悉了這樣的解讀方式，就會逐漸地建立「比較合理看事情」的良好習慣，焦慮便不至於匆匆來到眼前。

「認知的調整」，這是面對焦慮時，非常重要的練習及功課。我甚至認為當調整了認知，接下來在因應焦慮時就易如反掌了。

法庭攻防戰：在腦海裡「自我對話」

孩子很容易沒多加思考，便理所當然地認為「我就是這樣」。但是否真的只能是這樣呢？當然不是的。

這種常常不假思索的反應，實在非常擾人。我們必須讓孩子瞭解在下結論之前，真的需要停下來，先搞清楚自己為什麼會這麼想。

我非常喜歡看法庭戲，在法庭裡，可以看到雙方的委任律師如何捍衛己方的權益，進行攻防。

這套方法也可以用來練習，把律師的法庭攻防戰搬進自己的腦海裡，自行練習對話，有助於使思緒愈來愈清楚，愈來愈清晰。

透過「自我對話」的方式，讓孩子經由一次一次練習，明白每個人身上可以有兩種以上的不同聲音存在。就像原告與被告的律師分別提出對自己有利的一套看法，而自己就是法官，進行最後宣判。

在自我對話的過程中，針對比較負面想法的律師，我們要加以反駁，甚至提出對己方有利的論點，讓負面思考的律師最後選擇放棄。

思考需要「對戰」

思考的過程是需要「對戰」的，就像發揮玩連線遊戲的精神一樣，因為我們所想的一切，對於實際的情緒反應與現實生活都會產生強大影響。

讓孩子瞭解：為什麼你這麼說？為什麼他那麼說？為什麼我這麼想？**「你、我、他」，至少有了三種想法。**先不談誰對誰錯，最起碼讓孩子明白在這三種想法中，哪一種想法對自己最有幫助。

這樣的思考過程，有助於我們的日常生活及學習更順利。毋庸置疑，好的想法

覺察孩子的焦慮危機

將帶我們到達更好的狀態。

隨時自我覺察自己的想法與情緒，懂得如何放鬆自己的焦慮，並且找到一種合理的解釋去面對與反應。

焦慮會以不同的強度迎面襲來，但如果能協助孩子試著做好各種預防及準備，甚至於當強烈的壓力來臨時，**學會採取分段的方式逐一釋放**，便可以比較從容地面對。

你注意到了嗎？
當我們說話速度變得很急、很快時，
孩子的情緒也會隨之變得躁動。

高敏感的孩子，風吹草動就焦慮？

「大榮，你給我安靜一點，我在上課。你到底在幹麼？再吵的話，你就不要下課。搞什麼鬼！老是說不聽。」老師拉高嗓門數落大榮，但大榮嬉皮笑臉，一副事不關己的模樣。

倒是坐得遠遠的林云云卻顯得很有事，這明明不干她的事啊。

只要一遇到老師把音量拉大，云云就覺得老師是針對自己而來。座位上的她不斷搓揉著手，不時低下頭，眼神盯住桌面。

「同學們看這邊，看看等腰三角形的兩個邊、兩個角，這兩個角是一樣的，所以你們換算的時候，記得先把一八〇度扣掉頂點，剩下的兩個角再除以二……」

大榮轉過頭，對著坐在後面的阿信秀他新買的寶可夢遊戲卡。

「啪！」老師用力把數學課本甩在講桌上，「大榮！我已經警告你了，你還在那邊講？」

大榮還沒出聲，坐在遠端門口旁的云云竟然哭了起來，眼淚一直流，一直流。

老師的視線掃向云云，「云云，你哭什麼哭呢？一個大榮就夠讓我頭痛了，你還來湊熱鬧？」

望著淚流滿面的云云，老師感到莫名其妙，「真是的……」

陪伴孩子面對焦慮

震央沒事，遠端卻有事

教室裡常常會出現一種狀況：當老師大聲地指責班上某一個同學時，被罵的當事人顯得不痛不癢，沒有什麼反應，反倒是班上的其他孩子明顯受到驚嚇，而焦慮不已。

這種狀況，我常常形容為「震央所在沒事，在遙遠的地方卻很有事」。

對於這種情況，我會思考：**孩子反映出來的是什麼訊息。**是對於老師大聲、嚴厲而過度敏感？還是害怕老師也會罵自己？……無論什麼原因，這往往使孩子常處在一種焦慮狀態，無法專心於課堂。

風吹草動，皆與「我」有關

有些孩子屬於高敏感，對於教室裡的風吹草動，總認為是和自己有關係。例如，當老師上課時責罵別的同學，當事人很容易誤以為老師也在責罵自己。

面對高敏感的孩子，老師難免莫可奈何地這麼想：

「我在進行班級經營，管愛講話、愛干擾的同學，但那孩子愛哭，我能怎麼辦？」

「我總不能都不管課堂秩序吧。更何況，重點是我沒有罵那孩子喔！這是他／她的問題，不是我的問題。」

辨識「敏感」的差異

我們需要釐清，有些孩子是屬於感官上，對聽覺刺激過度敏感，因此大聲、尖銳、高亢的語調和音量，會造成其聽覺上的不舒適，感到疼痛，極度焦慮。

有些孩子則認為講話的內容、字眼和自己有關，這一點跟孩子是如何解讀、思考有所關聯。我們需要逐一地釐清，孩子的想法是否出現誤解、扭曲與過度放大。

這兩種敏感是不一樣的。

換位模擬：想像自己是數學老師……

引導孩子想像：自己是數學老師，面臨坐在教室前方第一排的大榮不時干擾上課，自己會做出怎樣的反應？

同樣地，試著再度想像：身為數學老師，自己的所有目光都聚焦在眼前的大榮，坐在門邊的林云云並不在自己的視線裡。

——也就是說，老師的火力射程僅及他眼前第一排的大榮，對於在遠端角落的自己完全是八竿子打不著。

引導思考：「老師生氣的對象不是我。」

引導孩子思考：老師現在生氣的對象是大榮，並不是針對我。主因是大榮上課時，不斷在干擾老師，所以老師才發出尖銳的聲音，以責罵的口吻威脅、要求不守規矩的大榮。

——老師的對象是大榮，我是林云云，這是兩件事情。

「這和我一點關係都沒有，我可以很確定，我在課堂上，遵守著上課的規定，我安安靜靜地坐在座位上。因此，老師沒有任何理由及必要性來針對我。整個過程，就是針對大榮，這一點我很清楚，所以無論老師再怎麼大聲，他還是針對大榮，和我沒關係。」

入戲演練：直接做角色扮演

如果有些想像的方式對孩子來講比較抽象，可以直接進行「角色扮演」。請林云云站到講臺上，扮演數學老師，對著第一排的大榮直接入戲演練。

讓孩子藉由角色的互換，來加深感受：數學老師「射擊」的對象，真的就只有他眼前第一排的大榮。

孩子需要演練，因為這有助於**強化腦海中的畫面，使其對想像的情境更熟悉。**當畫面愈清晰，孩子對於整個情境也更加能夠掌握，有助於降低焦慮。

以「干我屁事」的概念，透過自我對話，劃出心理界限

看到標題，你可能覺得意中心理師怎麼用詞不雅，但事實上，就是如此。孩子可以使用一些有助於自己劃出「心理界限」的字詞，簡單地講，就是一種「干我屁事」的概念。

這些詞彙、字眼，或許聽起來不雅，但我們並非脫口說出來，而是在自己的腦海裡、內心裡，對自己說。要讓自己不受負面想法的影響，有時候，「自我對話」的用字遣詞實在有必要犀利一點。

敏感其實不是壞事，但是，如果敏感總是和孩子的負面思考連結在一起，那就真的很容易壞事。所以，如何調整孩子的認知是很重要的，讓孩子用一個比較合理

的方式，來解釋自己與周圍人、事、物之間的關係。

這也是我在書中不斷強調的主軸：認知想法的改變，對於改善焦慮狀況絕對有影響。

一句話，是否可以改變一個人？關於這一點，我是非常相信的。正如在閱讀過程中，一字一句的文字，在在影響著我們看待事情、解決問題的方式。

只不過**要產生改變，需要我們每天非常敏銳地覺察自己對一些事情的看法，並且試著以合理的方式去解讀，加上不斷在腦海裡練習。**

別讓負面思考任意飄

我們的想法、認知和注意力飄向哪裡，也決定了遇到狀況的第一時間，自己的情緒會往哪個方向走。

關於自己要怎麼想、要不要想、想多少、想到什麼程度等，有些孩子可以很清楚地有效掌控，自己完全可以拿捏。

然而，有些孩子則無法覺察自己到底是如何思考，念頭又到底是如何東跑西跑，最後就只能任由負面想法四處飄。有時飄到對自己不利的地方，就像跑到幽閉的山谷裡，想法在山谷中不斷地繞啊繞，繞不出來。這種在山谷裡一直轉不出來的狀態，將使孩子長時間處於焦慮，困擾不已。

老師的敏感度很重要

每個孩子在課堂上能承受的抗壓力與情緒反應不盡相同，請老師特別留意，**孩子在教室裡是否出現明顯的異樣行為表現。**例如，不斷地摳手指、啃手指甲、拔頭髮、眨眼睛、咬衣領、咬袖子、流手汗，出現不自主的抽搐動作、聲音等，這些都可以作為觀察的指標，來瞭解孩子在教室裡的壓力調適及因應狀態。

孩子在教室裡，到底怎麼了？如果老師可以很敏感地留意到班上孩子的一些異樣，將有助於家長在第一時間發現孩子的特質與狀況，而在初期的黃金階段，進行協助與介入，或是老師進而調整與修正，以有效改善孩子在教室裡的適應問題。

找出焦慮的原因

當孩子在學校出現像故事裡云云的焦慮情況時，父母可以先試著瞭解孩子在日常生活中，解讀事情時，是否總容易過度聯想、過度解釋，將一些不相干的事與自己綁在一起，並且朝著對自己不利來想像、放大或扭曲，而衍生出焦慮，影響到上課表現。

接著，引導孩子回到自己的生活經驗中，曾經在哪些情況下出現焦慮，並且停下來思考造成這些焦慮的原因通常是什麼，例如上學遲到，導致被老師處罰、受到同學嘲笑；考試成績不理想，導致自己無法進入理想的學校；或是成績低落，導致自己在班上得忍受同學的嘲諷對待，或遭爸媽、老師責罵等等。

思考這些行為及結果是有必要的，關鍵在於**釐清自己的擔憂是否合理**，在過與不及之間，我們放入了多少心思與注意力，是否不斷在放大焦距，使得擔心、焦慮或顧慮變得像無止境的迴圈，不斷擴散，直到令人窒息。

身為家長的我們一定有過以上的經驗，先試著明白自己的情況，再把這份瞭解轉移到孩子身上，或許，比較容易感同身受為何孩子在這種情況下會焦慮不安，甚至於恐慌。

同時，既然焦慮也令我們感到極度不舒服，我們可以理解，孩子其實也不希望處在這種狀態。

設定焦慮的界限

每個人都要對焦慮設下一道自己可以容忍的「界限」。這道焦慮界限如何判定，可以與孩子共同討論。例如從生理反應切入，像是心跳太快、流手汗、腸胃不舒服、頻尿、想拉肚子、偏頭痛、肩頸痠痛等，讓自己受不了的狀況。

以主觀的「我受不了了」，作為焦慮的界限。

我們不想讓焦慮越過這個界限，無論如何都必須將焦慮鎖定在界限以內。孩子要練習當自己的焦慮逐漸接近這道界限時，發出求救的信號：

媽媽幫幫我／爸爸幫幫我／老師幫幫我，我快受不了了，我快要沒有辦法控制了。

這表示孩子已經感受到焦慮快要跨越自己所設定的那個界限。

如果你是老師，試著和全班學生一起討論大家可以容忍的焦慮界限。每個人的焦慮界限不一定相同，無須比較誰的容忍度比較高、比較強或誰撐得比較久，沒有這個必要。回歸到每個人當下的狀態，面對焦慮，處理焦慮，轉移焦慮，這沒有什麼好比較的。

協助孩子將焦慮有效控制在一定的範圍內。先設定好這個焦慮界限，以防自己不自覺地越了過去，而深陷焦慮的困擾中。否則，一旦焦慮的高氣壓籠罩在孩子的日常生活當中，使其感到窒息，手足無措的孩子在疲於掙扎之後，只能兩手一攤，任由焦慮折磨。

讓孩子試著控制自己的想法，移除一些不相干的雜念，或者隔絕具有破壞性、干擾性的念頭。

孩子要上學就焦慮？

小雅又鬧肚子痛了，從她的表情看起來，似乎痛得不得了。

她皺著眉蹲了下去，雙手抱著肚子，臉部表情扭曲著，不時發出哀號，「媽媽，我肚子好痛，我肚子好痛……」

媽媽一時不知該如何是好。

「怎麼又突然如此？」

最近每當星期一的早上準備出門上課時，小雅就常常鬧肚子痛。

「你要先休息一下嗎？」媽媽問，小雅虛弱地點點頭。

眼看上課時間快到了，但是看看小雅痛苦的模樣，要她出門，實在有些為難。

覺察孩子的焦慮危機

「臨時掛門診得去現場排隊，急診也不是說掛就掛得到……」媽媽嘀咕著，孩子上學快來不及，自己上班也快遲到了。

小雅虛軟地躺在沙發上，閉上眼，嘴角微微動著，從她的表情，可以感受到她強烈的不舒服。但媽媽不由得納悶：「為什麼老是挑這個時間呢？昨天晚上看起來還好好的，整個人活蹦亂跳。怎麼每次一到禮拜一早上，要出門上學時，就出現這個狀況？」

很想問小雅：「這究竟是怎麼回事？」但媽媽又把話吞了回去，因為她知道在這當下也問不出個所以然。

現在首要解決的是，她需要立即做決定，到底是先打電話向老師請假，還是先到診所掛號。

媽媽對於小雅鬧腹痛一事是存疑的。因為每回帶她到診所，醫師都認為孩子沒有什麼問題，但是看她痛苦的模樣，幫她請了假，結果一回到家又顯得若無其事。

「小雅是不是在逃避？是不是詐病，故意抱怨肚子痛、胃痛等等的，就為了不用上學？」

孩子因上學焦慮，怎麼辦？

陪伴孩子面對焦慮

預擬SOP流程，不怕時間壓力

先讓孩子休息一下，觀察孩子上述的不舒服，是否藉由休息獲得短暫紓解。平時則可以預先擬好「ＳＯＰ流程」，當日後遇到類似狀況時，可以有條不紊、循序漸進地處理，以免遇到一早趕著出門，在時間壓力下亂了陣腳。

以「相信孩子」為原則

當孩子顯得持續疼痛難耐時，**先尋求醫師協助**，以確認是否有生理上的問題，例如腸絞痛、盲腸炎、腸胃不適、胃潰瘍等，避免延誤就醫。或經醫師判斷之後，並不認為孩子有生理上的狀況，而是存在著心因性的身心症狀，因壓力所引起的不適。

先看醫師怎麼說，如果有明確生理（例如上呼吸道感染）問題，則配合醫師的建議與處置，在家休息、服藥或採取其他因應方法。

釐清是否受「返校」刺激

假如無明顯的生理問題，除了遵從醫師的建議之外，看完門診，孩子請了幾節課的假之後，再返回學校上課時，請進一步觀察孩子的情緒反應。

如果一提及返校或回到學校，孩子又出現疼痛、不舒服等身體的抱怨症狀，我們必須思考，「上學」這件事是否即為孩子的壓力源。

每一個人承受的壓力源不盡相同，也許來自於功課學習，也許來自於和老師之間的關係，或過度注意老師的反應，或者同學之間相處的壓力……有待我們進一步釐清。

先讓孩子待在保健室，或允許孩子在教室裡，趴在桌上休息。有些孩子覺得趴在教室桌上休息，在同學們的眼中顯得突兀，對此會感到不安、不自在而抗拒，可以讓孩子待在保健室直到不適症狀比較改善，再適時地回到班上。

當身體的抱怨症狀又開始出現，我們必須思考，是否原班的教室情境對孩子存在著明顯的壓力源。

只不過父母常會發現，只要一請假，遠離校園，孩子的身體情況就明顯好轉。

當孩子遠離了壓力情境，雖然還不確定他在學校發生什麼事情，但是多少可以瞭解原因與校園生活有關，例如在學習、人際、課業上，或是與老師、同學的關係。

在家模式

假設現在孩子回到家了，那麼，他在家裡需不需要準備學校的功課？比如考試、評量及作業等。假如孩子拒絕準備，我們需要釐清他拒絕的原因是什麼。

除非孩子在家裡，依然身體不舒服，躺在床上，或吃了藥，整個人昏睡；如果不是這些現象，甚至於醫師沒開藥，也確認沒有生理上的問題，孩子回到家，整個身體狀況回復到原來的樣子，那麼孩子要說服我們為何他不寫作業。

預防逃避行為的強化

如果孩子反映不舒服，沒有辦法做功課，那麼他需要躺著，好好休息，當然也就謝絕手機、平板、電腦、電視及網路的使用，除非他告訴我們，他覺得身體狀況好多了。

那是否得看書、做功課呢？如果不做，那孩子需要說服我們，理由到底是什麼。**在孩子沒有提出具體的理由說服我們之前，是不應該讓他使用３Ｃ產品的。**

我們也要回過頭來注意讓孩子想要待在家裡的理由。例如：可以在家裡好好吹冷氣，可以輕鬆自在地穿衣服，不需要被要求、被命令；爸媽都去工作了，在家裡，想要做什麼就做什麼，想要玩遊戲就玩遊戲，想上網就上網，想要吃東西，打開冰箱就有了，甚至於可以直接叫食物外送。

當孩子的逃避行為對他帶來好的結果，很容易造成孩子下一次繼續不想上學。

寫下來，條列出壓力源

有些孩子選擇請假在家，但依然會準備學校的課業，那麼可以先排除課業因素。至於到底是什麼因素，導致孩子一到學校就會過度焦慮，抱怨頭痛、不舒服、腸胃不適、頻頻拉肚子等，這需要進一步釐清。

拿出一張紙，把各種想得到的壓力因素寫下來。

例如：考試成績不理想，沒有準備考試，沒有寫作業，老師要求太多，學校今天要考試，學校有比賽，擔心比賽的成績與結果，與同學起了爭執，被排擠，被疏離，答應今天要給人家東西卻沒有做完，在學校被霸凌……這些可能存在的壓力源。

對於上學焦慮這件事情，**「找到孩子的壓力源」，這是最根本的問題。**

我們必須找到孩子拒絕的那些壓力點，才有機會逐一地解套。否則只是一直在外圍反反覆覆地繞，一到上學時間，孩子又開始出現逃避反應，身體又開始抱怨。

進一步，化解壓力

假如我們找出了孩子的壓力源，接下來要思考的是：**有些問題是孩子沒有能力解決的，而有待我們協助加以移除，或是提升孩子解決問題的能力。**

例如孩子在學校被欺負、被霸凌，若我們沒有協助其解決這些人際問題，那麼，貿然要求孩子回到教室裡，只是徒增壓力，讓他在校園情境中，更加焦慮、不安。

在學習方面，如果孩子的學科能力相對較弱，但學校老師的要求相對較高，很明顯地，孩子在該學科上的表現，沒有辦法符合老師的期待。

除非老師降低要求的標準，或是由大人協助，透過補習班、安親班、爸媽教導或老師特別引導來教懂，否則孩子在能力上就是達不到，但身旁的大人一味地要求，孩子繼續待在教室裡，一直陷入「我不會」的狀態，只會徒增壓力，將導致他不得不選擇逃避。

孩子面對分組會焦慮？

「老師，我能不能跟你同一組？」阿旻問老師。

「待會我們玩籃球比賽就要分隊了，跟我同一組幹麼，當裁判啊？」

「當裁判也不錯啊！至少可以決定誰犯規、哪一隊罰球，這樣也很威風啊！」

「我看你不是真的想當裁判，是想偷懶吧？」老師對於阿旻和他一組的要求不以為意，轉身對著全班同學說：「同學們，現在開始分組，每一隊五個人。」

話剛說完，同學們便開始行動。

有些組別在老師一聲令下後，不到五秒鐘，很快地就五個人成了一隊。

阿旻跑向第一組，問：「我跟你們一組好不好？」沒有人理他。

阿旻又跑向第二組，問：「拜託啦，我和你們一起可不可以？」

小輝翻了個白眼，說：「走開啦，你很吵欸。誰要跟你同一組！」

炳仁也說：「對啊，每次拿到球就亂丟，也不傳給別人。」

碰了一鼻子灰的阿旻轉向第三組，問：「我可以跟你們同一組嗎？」

「很抱歉，我們在等小玫。」鳳萍回他。

不待阿旻開口，第四組的小威立即補上一句，「我們這一組已經滿了。」

阿旻在教室裡不時穿梭，殷殷企盼著有哪一組同學願意讓自己加入。

「老師，我們這一組好了。」

「我們也好了。」

各組的同學此起彼落地回報老師。

「分好組的同學，現在把名單交上來。」

阿旻坐回自己的座位，落寞地低著頭。

最討厭的是，班上明明有二十六個人，但老師每一次都說是五個人一組，自己總是成了落單的那一個。這也是為什麼阿旻一開始就想跟老師同組，因為他早就預期自己會被冷落在一旁。

老師翻了翻收齊的分組名單，對全班同學們說：「有誰願意接受阿旻到你們那一組去的？」

有的人拚命揮著手說：「喔，不要、不要、不要！」有些人則猛搖頭，還有些組別悶不吭聲。

阿旻趴在桌上，用外套把頭蓋住，雙手在桌子底下用力摳弄著。

「我討厭分組，我討厭玩籃球，我討厭這個班，我討厭你們，我討厭、討厭、討厭！」喃喃自語的抱怨，只是無力的抗議，依然無法喚回同學們對他的接納。

何其冷漠啊！

被遺忘在角落的孤寂感，只有阿旻能夠深切體會。

陪伴孩子面對焦慮

「自選組別」：殘酷的挫敗

很是殘酷與現實，每回只要一牽扯到分組，特別是當老師讓同學們自己選擇湊成一隊時，有些孩子很容易陷入被拒絕的處境。

當孩子獨自面對這樣的現實，很容易一而再、再而三地陷入挫敗。

「強迫分組」：細膩的接納

當我們遇到問題而無所適從時，便會處在很焦慮的狀態。因此，**「如何學會解決問題」**成了很關鍵的事。

例如分組時，沒有人想找自己一組，孩子往往不知道該如何是好。

別再讓孩子獨自承擔受挫感。請伸出援手，給予必要的協助，讓他們被接納。

例如採取強迫分組。

「各位同學們注意！現在按照座號，一號到五號，六號到十號……二十一號到二十六號一組。」

或許一開始，同學們會有雜音，「老師，我們不想和阿旻同一組。」

這時，老師不需要在公開場合給予同學回應，或在現場立即進行處理，以避免讓當事人（阿旻）陷入被討論的焦點，而遭受尷尬與難堪。

在一號至二十六號之間，我們可以有不同的排列組合。

先給總是落單的孩子機會。在一個組別裡，讓他有表現的機會。給他一個舞臺，讓他被看見，就能夠累積孩子之後在教室裡被接納的機率與可能性。我相信，當事人會以最佳的姿態與表現，贏得同學們的刮目相看。

別再讓孩子落入分組的焦慮，就從我們細膩且細心地，從細微處協助開始。

左右為難的焦慮

另外一種焦慮是「左右為難」。

例如：「林小玫找我同一組，陳娟娟也找我同一組。小玫和娟娟，兩個人都是我的好朋友，但是她們兩人不可能在同一組……」也就是說，「乾脆三個人同一組」這件事情無法成立。

在這種狀況下，到底是選林小玫或陳娟娟，卡在中間的孩子就會陷入左右為難。於是孩子可能乾脆兩個人都不選，兩邊都不得罪。但是這樣的選擇，又讓人覺得很委屈：明明兩人其中的一個會跟自己同一組，自己卻選擇兩個都不要。

有些孩子為了解決這種左右為難的焦慮，乾脆交由命運的安排，擲筊來判斷。到底最後跟誰在一起，就看銅板怎麼丟：人頭？還是伍拾圓？隨緣決定自己是跟林小玫，還是和陳娟娟。

有的人算盤打得公平些，決定乾脆就輪流吧，一次給林小玫，一次給陳娟娟，或是第一、三週選林小玫，第二、四週配陳娟娟。

只是在現實中，如意算盤沒辦法打得那麼順利。選了林小玫，陳娟娟心裡會有疙瘩，不舒服；等到下次要找陳娟娟時，她不見得會想要在同一組了。反之亦然。

人性的複雜，就在這裡。這當中，也考驗著孩子如何去化解人與人之間的兩難互動。在還沒有找到適當的答案之前，焦慮自然而然就會伴隨自己很長一段時間。

主動與被動

有些孩子個性比較主動，一聽到分組，就自然而然趨前尋找自己心儀的組員。反之，相對被動的人往往待在原地，等候著別人來邀約。

主動與被動的相異，造成不同孩子在社交互動上，產生不同的結果。

當孩子主動時，就得承擔被拒絕的可能。「我邀約你，你卻回絕我」——面對拒絕，牽動了孩子的「挫折忍受力」。

「你拒絕我，沒關係，我再找下一個。」

往好的方面來看，不妨把這當成認知功力的鍛鍊。

「你拒絕我，沒關係，我再找下一個。」

對於被拒絕這件事情，學習甘之如飴。對很多事情不強求、不執著，只要努力去找，就可以找到最適合自己的夥伴。

這樣的孩子，看待事情會有合理的認知與解釋。

「你拒絕我，都是因為我不好。」

相反地，若負面思考如茫茫迷霧籠罩腦海，孩子一遭到拒絕，便會懷疑是自己不好、讓人討厭、沒有魅力、不夠吸引人、個性古怪、能力不足等。

「你拒絕我，都是因為我不好。」

被拒絕一次、兩次、三次……漸漸地，心灰意冷，便放棄主動找人的意願。

孩子杵在原地不動，更難以收到邀約，其他人也容易對其做出負面解讀，誤認為他高傲、不好相處，或者根本不想跟大家同一組。最後，只有落單。

內在歸因與外在歸因

內在歸因的人，比較會把問題歸咎到自己身上，這樣的人比較辛苦，也會給自己多餘的負擔，讓自己多承受一些不必要的壓力。但是，**內在歸因的人比較容易找到問題的癥結點，進而做些調整與改變。**

傾向於外在歸因的孩子，相對就比較輕鬆自在。我找你，你拒絕我，那是你沒有緣分，錯失了這個機會，那是你的損失。千錯萬錯都是別人的錯，自己哪有什麼錯，所以外在歸因的人容易忽略問題的癥結，讓被拒絕這件事，一而再、再而三地發生。

想法的轉換練習

拋出一個例子，讓孩子列出正面與負面的想法，以釐清自己如何進行解讀，而產生不同的結果。

就以「分組時，沒有同學來找我」這個狀況為例子——

比較負面的想法

「你看，都沒有人找我。我就知道每個人都很討厭我，他們連找都不找。我在這個班上是多餘的、是隱形的，是邊緣人，不被重視的……」

負面的想法一旦被啟動，負能量的瓦斯桶就像連珠炮似的逐一被引爆開來。

比較合理的解釋

「我可以有多一些選擇。我可以自己決定想要去找誰。也許對方不見得接受，那沒關係，至少我嘗試過了。或許有更適合我的組別。」

讓孩子瞭解，換個方式想，會有不同的解釋。**擴充想法，多一些選擇，跳出自己的執著，讓自己以最好的狀態來面對。**

他不是討厭你，只是他更喜歡別人

看似理所當然的分組，對於孩子卻是一種折磨，有如揮不去的沉重負荷。一聽到分組，有的孩子便壓力破表，湧現焦慮，深感莫名的茫然：自己沒有做錯什麼事情，但為什麼同學們就是不願意找自己同一組，難道是同學們不喜歡自己嗎？這也不盡然。與其說不喜歡自己，倒不如說同學們有更喜歡的人。

在小組裡，小團體的凝聚力與默契是勉強不來的。

同學們不一定是討厭你，只是他們彼此更熟悉。

像這樣試著從比較合理的角度來看待，對於被拒絕的結果，也比較能夠接受。

孩子書看不完，好焦慮？

有些焦慮的狀態很微妙，比如孩子一邊為考試複習，一邊心想：「書看不完，怎麼辦？」

孩子不看書，爸媽會焦慮。而發現自己書看不完，則令孩子更焦慮，於是爸媽也跟著焦慮，勸說：「你真的該休息了。」

「我書看不完，明天要考試。」

「現在時間那麼晚了，你先睡，明天早一點起來看。」

「不行，我沒時間了。你不要在那邊吵，愈吵，我就愈念不完！……」

對有些孩子來說，考試前，書一定得看完。孩子這麼認真，當然爸媽也感到窩心。但是請問：這裡所謂的「看完」，指的是什麼？

陪伴孩子面對焦慮

書看不完好焦慮，傳達什麼「訊息」？

在此，我們來探討孩子擔心念不完書背後所要傳達的訊息。

有些孩子是因為沒看完書，考試會考不好；考試成績不好，在班上的排名會退步、對未來升學可能有影響……為此擔心又焦慮。

或者是當同學們都很努力在拚搏時，自己卻總是成績墊底，無形中也會受到影響而在班上陷入低氣壓的氛圍，情緒低落。

有人則是擔心考不好，可能會被留校，無止境地罰寫、抄寫，晚回家；被老師、爸媽無情地數落；或者得到補習班、安親班，不斷地加強再加強。

我們要引導孩子思考在「書沒讀完」的擔憂背後，令他焦慮的到底是什麼原因。

每個人都希望自己的考試成績理想，這是非常自然的期待。孩子想要考好的這個念頭，是可以給予肯定的，但是由此而生的擔心是否合情合理，我們必須與孩子共同來討論。

自我設定的表現，剛剛好就好

我們真的不用要求自己的表現要百分之百的好。我通常給自己設定在百分之八十五的狀態，對我來說，百分之八十五剛剛好。

有人可能會問：「為何不設定在頂端？不然百分之九十五也好啊。就像爬山，當然是爬得愈高愈好。」我明白你為什麼這麼想，我爬過高山，上面的風景還真是迷人。但是，高處不勝寒。

如果以長遠來看，當一個人在達到高點的過程及來到頂端後，對於壓力可以自在負荷，那麼這樣設定就沒問題。不過，假如是容易焦慮、患得患失的孩子，那麼讓孩子設定自我的表現「剛剛好就好」。

以我為例，我的自我設定是百分之八十五，中上程度。設定在這個標準，接下來的目標就是鎖定如何維持細水長流，能夠保持在百分之八十五。比起百分之九十五、甚至百分之百，百分之八十五比較容易維持，壓力相對也少了一些。

沒有人規定一定得設定到什麼程度，我也不認為設定在百分之八十五、百分之八十，就顯得自己目標不足，缺乏挑戰性。

不是這樣的，**每一個人對於自我目標的設定不盡然相同。**

在學校裡，許多老師把標準拉到很高，在家裡，父母的標準何嘗不是如此。但我們應該與孩子共同釐清其現階段的程度及條件，給自己設定一個合理的範圍，或者至少能讓自己維持平穩的狀態。這並不是退縮在舒適圈內，而是找出合理的設定標準。

我相信這麼做，孩子不必要的焦慮將少很多。

細膩覺察，彈性判斷

當一個人有「非得如何不可」的想法，表示他的認知處於一種沒有彈性的狀態。這就是為什麼談論焦慮時，我不時地強調「調整認知」是非常重要且關鍵的練習。

一個人的腦袋中如果被太多「應該」占據，就會造成「非得如何不可」，這也是形成心理困擾的主要原因。所以我們**不強迫孩子一定得如何，而是讓孩子練習「覺察」與「判斷」**。

我們看待事物常常是憑感覺，比較缺乏具體且詳細地去記錄自己的情緒與感受，體會內心那些抽象的感覺及想法。這使我們錯過許多細微卻關鍵的改變契機，那可能只是一個念頭，或者其中的一個字、一句話。

法律用語中有兩個字：「應」和「得」。這兩個字的意義截然不同，其實也適用於練習覺察與判斷。

「應」就是「非得如何不可」。

「得」則是可有可無、可做可不做。讓自己有一個彈性的空間，我們可以選擇做，也可以選擇不做，或者選擇做到怎樣的程度，隨著自己的能力、心思、時間、體力、腦力、擁有的資源等，有各種不同的排列組合。

總是認為自己「應該」如何的人，自我要求比較高。但如果給自己設定在「得」，相對來講就比較有彈性。

要從容面對焦慮，「給自己充分的彈性」是非常重要的。

平常就做好設定，抽離考試書堆，抽離焦慮

孩子在準備考試，但一邊讀書，心裡一邊焦慮起來。這時，要怎麼舒緩焦慮？可以先闔上書本，離開書桌，透過轉移的方式，讓注意力先從準備考試這件事抽離出來，做做別的事情，緩解一些焦慮的情緒及生理反應。

抽離多久的時間呢？平時就可以先做好設定，例如五分鐘、十分鐘。要注意的是，有時抽離時間太久，反而會令孩子更焦慮，擔心沒有充足的時間準備考試，反而又會形成另外一種焦慮的來源。

這也是為什麼**在日常生活中，我們就需要和孩子進行一些設定，當狀況發生的時候，只要把這些設定套入公式，孩子便可以很快地進入狀態。**

我常常講：演練、演練、演練。我們必須不斷演練，孩子才能夠更輕易地面對與因應眼前的狀況。

以合理的數字，取代習慣性擔憂

若孩子總是習慣用比較負面的想法暗示自己「我書都讀不完」，可以協助孩子列出一些比較合理的念頭。例如：

- 我已經連續看了「三個小時」數學。
- 我已經把「第三單元到第五單元」練習過了。
- 我已經練習寫過「兩遍」題型了。
- 上次數學小考，我的平均分數落在「八十至九十五分」區間。

運用具體的數字，引導孩子以合理的方式看自己。同時詳細地列出自己過往在該科表現上的成績，有助於更能掌握與瞭解自己。

關鍵在於考試時，能夠「順利提取」

考前複習時，看書是為了考試，所以在此暫不討論做學問這件事。

我們都希望在考試作答的過程中，順利提取自己在這段期間所學習的知識內容。因此，如何認定所謂的「看完書」？

其實與其說看完，關鍵應在於「如何順利提取」。

找出念書效率最佳的時段

每個孩子都需要瞭解，在一天的二十四小時當中，扣除掉睡眠，每個人、每天，在不同時間的精神、思緒、體力與情緒狀態都不盡相同。孩子要**找出自己在什麼時間、什麼時段或什麼方法，讀書的效率最好**，而不是像苦行僧一樣，從頭到尾花了過長的時間靜坐在書桌前，用力啃書。

這樣的背影確實令許多父母覺得很驕傲、很欣慰，眼見孩子如此認真，幾乎要落淚。但是對於考試的成效來講，並非是好事。畢竟長時間坐在書桌前，缺乏適度運動，對孩子的專注力、情緒舒緩及身體負荷等，都是耗損，反而容易降低學習成效。

有些孩子會做自我設定，比如每本課本都必須從第一頁開始看到要考完的那一頁，甚至每一字、每一句都讀得很仔細。其實，重點不在於看多快、多細，而是要練習能在考試時，對應題目，將看過的內容輸出、寫下來。

因此，我們得先**打破「看完」的說法，請先回頭思考：現在做這件事情的目的**

是什麼。

如果是為了應付考試，那這時要練習的就是如何有效提取。與其長時間輸入（記憶），需要練習的反而是「輸出」（提取）。

抓重點準備

看一本書，是否一定要從頭到尾看完呢？並不是如此。若是讀小說，跳過了一些章節、段落，可能會忽略重要的情節與線索。但是看的並非小說時，就要試著先瞭解自己閱讀這本書，真正想要達到的目的是什麼。

一本書中百分之八十的重點，就在百分之二十的內容裡，透過八十／二十法則可以瞭解，很多事情，我們只要「抓到重點」。

比如說，當孩子因準備考試而產生讀書焦慮，可以運用前面的方法，引導孩子慢慢跳脫綁死的自我設定所形成的有形、無形壓力。並不是說看書時跳行或漏字，而是只要能很清楚地掌握內容的「重點」，有時不一定非得逐字或逐句看過。

重要的是能「順利提取」，並非只有純粹記憶。

先找出目的，再針對不同目的，進行不同重點的輸入（記憶）與輸出（提

取），會比較清楚自己的準備哪些是有作用的。

打破既定的刻板印象，才能以比較合理的方式看事情，避免無謂的焦慮干擾日常生活。

從日常生活中，練習「輸入」與「輸出」

我時常告訴孩子，不管我看了多少電影、戲劇、繪本、小說等，看完之後，我一定要把心得說出來或寫出來。無論說了多少或寫了多長，只要有「輸出」，這些「輸入」就對我產生作用。

我們不斷提醒自己和孩子要多看書、多接觸人事物，這些都是「輸入」。然而，如果只有不斷在輸入，卻沒給自己任何機會進行輸出，所看的、接觸的一切都是枉然，那些輸入也就產生不了太多意義。

在教學上也是如此。我常在演講時跟老師分享，在課堂上，不要都只是我們不斷在講，要孩子記下來或背下來，而是要提供一些機會讓孩子試著開口說話、開口回答或開口提問。

無論是說或寫，任何形式都可以是「輸出」的方式。

過去，輸出對我而言是一種壓力，我常在暗示自己可能寫不出來或講不出來。但是現在，我不時提醒自己轉個念頭、換個方式想，把輸出看成一種非常愉悅的事，讓自己每天都想要說出來、寫出來，漸漸地，思考、表達與書寫的手感都更加順暢。輸出不但成了我的好習慣，也成為一項好的生產方式。

當我們對輸出愈來愈習慣並熟練，表現也會愈來愈俐落。日常生活中的「輸入」機會無處不在，不但與我們有密切關聯，也可能激發出我們更多創作——這就是「輸出」。

有機會，多和孩子分享這樣的概念，並且自己也不斷地練習輸出吧。這是我的一些想法，與你分享。

焦慮行為只是一種表象，就像警訊一樣在告訴我們：
孩子現在有狀況了！孩子現在需要協助！
不要只看到行為表象，
而忽略了在這表象底下，孩子要傳達給我們的訊息。

孩子遇到考試就焦慮？

之一

芯寧在床上瞪大了眼睛，翻來覆去的睡不著，不時拉起棉被蓋住整張臉。沒多久，又拉開棉被，向左側身，試著閉起眼睛。但是不到十秒鐘，她又把棉被拉起來，轉成側身往右邊，蓋上棉被。

就這樣反反覆覆地左邊、右邊、拉起棉被、蓋上棉被、眼睛睜開、眼睛閉上……好累啊，真的好累了，芯寧真的好想睡覺，但是，睡神就是不來找自己。

睡神不知跑到哪裡去了？眼看著手機上的時間已經到了凌晨兩點四十五分，這個時間還沒睡著，對於身體的消耗、肝功能的耗損，傷害是很大的。

但她有什麼辦法？明知清晨六點就得起床，迎面而來的又是一整天。教室裡的國英數社自，一張考卷又一張考卷反反覆覆地寫，身為學生的他們，不斷在驗收自己的腦袋有沒有裝東西。

芯寧真的好想好想睡啊！但腦袋瓜卻持續在胡亂快轉，令她焦慮到無法成眠。為何考前的日子，總是如此難熬？

之二

明德的手上都是汗，伴著水性原子筆，整張考卷上面的字跡都糊掉了，手指頭也沾滿藍色的原子筆痕跡。他不時用手帕擦著手汗，但沒有任何止住汗水的跡象，額頭上的汗水也像湊熱鬧般，不時滴下。

明德突然感到胸口一陣鬱悶，腦袋一片空白。自己每一回都花了許多時間和心力準備考試，但不知道為何，只要一開始寫考卷，就心跳加速，呼吸急促，思緒中斷，心情煩躁而無法冷靜。

他明顯感受到教室裡的時鐘在一秒一秒，滴滴答答地走著。時間的壓迫感，令他覺得好難熬。手汗愈來愈不聽話，濕透了整張考卷，桌面上的手帕像是從池塘裡撈上來的，早都濕透了。

他有備而來，換上另一條手帕，但是手汗依然不聽使喚，像惡作劇般不斷地流。

「怎麼辦？怎麼辦？怎麼辦？」明德在心裡自問，「到底該怎麼辦？為什麼會這樣呢？」但他也明白在這個考試的節骨眼上，絕對不是思考這個問題的最佳時機。

監考老師發現了明德的異樣，狐疑地走過來，瞧了瞧桌面上這張泛著藍色墨水，糊掉的考卷。

不待老師開口，明德的胸口愈來愈鬱悶。

陪伴孩子面對焦慮

考試前，在腦海中「模擬演練」

引導孩子將整場考試用想的進行情境模擬，試著在腦海中，把應考過程演練過一遍，例如：

想像自己在考場裡，坐在位置上，開始翻閱考卷，逐一閱讀題目。手中有握筆的感覺，可以感受到自己一字一字、一句一句地寫著考卷，甚至看到考卷上面已經有了答案。

同時，想像坐在考場裡的自己，應考心情非常平靜，臉部表情、身體肌肉是非常放鬆的，呼吸非常平穩。

我們需要比較正能量的想像，讓自己順利進入更佳的狀態。而不是處在一種自己嚇自己的模式。

有時候，有些事情如果很清楚地按照既定節奏在進行，我們一定會自在許多。如同原本在國道上趕路，當發現一路順暢，與地圖導航的行車時間一模一樣時，焦慮便緩和不少。相反地，若是遇上壅塞路段，又不曉得眼前的塞車什麼時候才能化解，這時，焦慮感將明顯上升。

面對焦慮，有一個很大的關鍵是：我們是否可以掌握及控制自己的焦慮情緒，讓自己的想法、情緒、行為按照所設定的目標而行。這是需要練習的。

如此一來，雖然我們無法決定焦慮情緒什麼時候會出現、以什麼面貌出現，但至少當焦慮出現時，我們可以從容地在合理範圍內做好因應。

設定屬於自己的簡單考前儀式

在考前，需要給自己一項簡單的儀式，有助於帶來安心的感覺。最好的方式就是關閉閒雜人的刺激聲音。請提醒自己，你花了很長一段時間，針對這次的考試已經有充分準備。別讓雜音亂了陣腳，讓自己的思緒更加混亂。

每個人的儀式不盡相同，只要有助於讓自己安心都可以。比如閉目養神，讓自己試著稍微悠哉一下，緩和一下心情，一定會有漂亮的考試成績。又如：

> 想像在棒球場上，自己站在打擊區，好整以暇地等待投手投球。你對於投手的球路非常清楚，可以想像你的球棒擊中球的那一剎那，發出的那一聲「鏗」，清脆悅耳。
>
> 你很清楚，那會是內野安打，或者外野安打，也可能是二壘安打。你知道只要自己揮棒時的力道再強一點，就是一支全壘打了。
>
> 你感受到球被打擊出去了，你在跑壘。對於自己的打擊功力，你胸有成竹。

這段想像的目的不是欺騙自己，**主要在於安定心情，讓焦慮維持在適度範圍內。**為了這場考試，自己做了好多努力，很確定該做的準備都做了。提醒自己：當我們能夠掌控的事情愈多，焦慮就愈能在我們的掌控之內。

阻擋雜音

考前十分鐘，如果很有自信已把最後的複習做完了，可以把書本闔起來，讓自己靜靜地沉澱下來。有需要時，可以在腦海裡自問自答。不再去跟同學討論考試，雖然可能覺得討論後說不定可以多得幾分，但這時很容易自亂陣腳。

考試，其實是一場又一場認知提取的測試。在考試過程中，要避免焦慮成為障礙。讓自己維持平穩的情緒，使焦慮維持在適度的狀態，保持更有品質的專注力與清晰思緒。

等整場考試都結束後，再核對答案最好

考完試之後，先不要檢查答案，不要核對答案，也不要和同學討論剛才作答的

結果，以避免造成自己的情緒波動。

在兩段考試之間的空檔核對答案，只會更在乎剛才的結果，反而對接下來的考試造成負面影響。等整場考試結束時，想要大致掌握自己的作答情況，再與同學討論、核對答案會比較適切。

我自己在求學過程中，曾經因為這麼做，而使得接下來的考試受到明顯影響。有了這樣不好的經驗，從那次以後，每當考完一科，我都盡量離開教室，離開班上的同學，到校園的某些角落好好準備下一堂考試。周圍少了班上的同學，自己當下的思緒比較可以不受干擾。

有時候，過度的討論反而會使心情更混亂。再說，都已經考完了，核對答案的意義也不大，畢竟考試已經結束了，對錯的結果也底定了。

考完了，盡人事也聽天命

讓孩子練習，在考完試之後，闔上課本、講義與資料，先不去計算考試結果，因為畢竟都考完了，最後的成績已成定局。

先從考試的狀態中抽離，畢竟自己努力過了。先給自己一段緩衝時間休息，轉移注意力去做別的事情。

持續在一種緊繃的狀態中，或是一直關注在考試結果上，只會增加焦慮。時間拖得更久，暴露於長時間的焦慮狀態下，耗能的情況更嚴重，整個人的精神狀態也會更加無力。

就等成績出來再說了。至於成績出來之後，幾家歡樂幾家愁，每個孩子對自己的期待不盡相同，這當中也包括父母及老師如何看待孩子的成績。

我真的誠心建議**身為大人的我們要「合理看待」孩子的表現，孩子就有機會以合理的方式看自己。**

努力了，接下來成績如何，就真的是盡人事聽天命。**我們大人怎麼看待，就決定孩子怎麼看待。**

孩子被懷疑作弊，引發焦慮？

「小喻，你在幹麼？現在在考試，你轉頭幹麼？你在看什麼？」老師突然點名小喻問話。

「我、我、我……」小喻一時緊張得說不出話來。

「難道你不知道考試規則嗎？考試不能作弊，這一點還要我提醒你嗎？」

「我、我、我……」小喻想要解釋，但是被老師犀利的眼神嚇得語無倫次。

她一點都沒有想要作弊的念頭啊。為什麼老師就這麼斷然地認定她要作弊？是因為椅子被踢了一下，原本專心看題目的小喻很本能地轉過頭。

坐在她後面的小蘭繼續在寫考卷，一副事不關己的模樣。或許小蘭真的只是無心地動了一下，不小心碰到她的椅子。

小喻只是因為座椅的動靜而轉身，想都沒想過考試作弊這件事。監考老師的反應令她耿耿於懷。就算能夠開口順暢地向老師解釋，在她心裡的疙瘩也不是那一、兩句話就馬上可以化解的。

她很清楚，自己對某些字眼非常敏感，例如「作弊」，就像有的人對堅果食物過敏一樣。因為她明白得很，她是絕對、絕對、絕對不會違反自己的良心，絕對、絕對、絕對不會違反這些校規與道德上的要求。

考試的規矩，她當然很清楚。

監考老師給了嚴正警告之後，教室裡又恢復寧靜。然而看著考卷，她發現那些題目似乎開始飄浮上來，每個字像是都在跳動、扭曲著，使她很難專心作答。

到底怎麼了？小喻緊握著筆，不時地用力點著試卷，點到考卷被戳了些破洞。自己的專注力停擺了，而且她覺得全班的目光似乎都集中在自己的背上，令她背脊發涼。

心中不時浮現出同學們的指指點點：

「竟然敢作弊？」

「想偷看？」

「這個偷分數的賊！」

這些畫面使得小喻盯著眼前的考卷，遲遲無法下筆……回想起以前，她曾經在考試時，因為不小心把橡皮擦掉落在地上，低著頭準備撿拾起來，卻被監考老師認為她是要作弊。

自此以後，「作弊」這兩個字就如同惡魔附身一樣，烙印入自己的腦海中。只要一點點刺激，「作弊」這個詞就會跳出她的思緒，勾動著她的不安。

小喻明明很確定地知道這不是自己會做的事。然而，她卻感覺得到「作弊」一詞隱隱在焦灼著自己的心。為什麼會如此呢？

接連的狀況也隨之而來。不只「作弊」這兩個字，只要出現類似的字眼，比如抄襲、造假、不實、偷窺、複製、貼上……都很容易便揪著小喻的心，使她中斷當下該做的事。

孩子因為被懷疑作弊而深感焦慮，怎麼辦？

陪伴孩子面對焦慮

孩子不說，不表示沒事

我們不能期待孩子遭遇到事情時，自己主動開口說出來。畢竟每個孩子過往的經驗不盡相同，有些孩子在成長過程中，可能沒有任何機會把自己的想法，找到適合的人、適合的場合或適合的時間，脫口而出。也有可能，孩子身旁的父母、老師對於「焦慮」這個議題很少相互討論。

因此，我們不能認為孩子不管遇到什麼狀況都能夠侃侃而談，讓我們知道。

我總是強調：**父母、老師在陪伴孩子的過程中，都要非常細膩地去瞭解孩子。**有時孩子一個眼神的不對勁，肢體僵硬了，嘴角下垂了，笑容逐漸消失了……這些都是我們觀察與留意的指標，好讓我們判斷眼前的孩子是否遇到了狀況，自己無法跳脫或解決。

比較可惜的是我們並沒有覺察到，而錯過了協助的時間點。

讓孩子適時地情緒洩洪

聽聽孩子對於過往被懷疑、被誤解的負面經驗。在他心懷信任感，以及較為放鬆、自在的情境下，讓孩子把過去積壓在心裡的負面情緒，適度舒緩、傾瀉出來，這有助於適時緩和孩子的壓力。

過程中，不急著馬上要告訴孩子道理，不要批判他的想法。先聆聽，聽聽看孩子願意訴說多少他內心裡的焦慮，與對這件事情的看法。或許，孩子的想法與現實之間有了很大的落差，但先不急著馬上要求孩子調整他的想法。

再次強調：**不要只是告訴孩子「你想太多了」**。

跟孩子有生命經驗的交集

和孩子分享自己生命中，類似的被質疑、誤解的經驗，也讓孩子瞭解，其實他的擔心、顧慮，也不純然僅發生在他自己身上。

讓孩子瞭解自己並不孤單，在他的身旁也有類似經驗的人，曾經或正經歷著這樣的焦灼及痛苦。

發現原來不只自己有這樣的感受，孩子會放鬆許多。

大人先有「承認焦慮」的勇氣

我們的焦慮強度是否太強？強到自己無法因應與調適，而造成生活、學習、人際、工作或感情上的困擾。

接納自己的焦慮情緒，我們就有機會以比較合理的方式來對待。愈是自然而然地看待焦慮，就愈容易面對，也比較容易進行後續緩和焦慮的練習。

看了前面這段文字，你可能會開始焦慮。「心理師，不會吧！你要我跟孩子承認我也是容易焦慮的人，那麼我在孩子面前還有面子嗎？孩子還會認為爸媽可以幫助他嗎？爸媽連自己都顧不了了，還可以幫助他嗎？」

我真的必須講，你這麼想就錯了。

事實上，無論對於大人或孩子，焦慮都是存在的。差別只在於大人與孩子的焦慮來源、壓力事件不盡相同，但是，焦慮所帶來的整個影響及處理方式，其實是相似的。

讓孩子知道大人有焦慮的困擾，不是羞恥、見不得人的。

當孩子發現大人可以、也願意敞開來談自己內在的焦慮，也是在告訴孩子，在這個家裡、這個班上，「情緒」是可以討論的，「情緒」更是必須要去瞭解的。

留意孩子焦慮的擴散

有些孩子很在乎別人對自己的看法、印象，以及很在乎別人對他行為動機的解讀。有些孩子非常不喜歡被誤會，不喜歡被人莫名地質疑或批評。

面對孩子的焦慮，例如對於特定字眼、特定事件的焦慮，若我們沒有在第一時間適時處理，很容易讓孩子的焦慮從這些關鍵字（例如作弊）開始，逐漸擴散，緊接著就會愈來愈放大焦慮範圍，防守圈愈來愈大，內野、左外野、右外野、中外野……一個人疲於奔命。

孩子需要**在第一時間，適時地按下暫停鍵，讓焦慮暫時停止，以避免擴散**。我們可以先聚焦在特定的範圍，例如先以「作弊」這個詞當作處理的對象，再逐漸化解孩子對於這些字眼的不適當連結。

一朝被蛇咬，十年怕草繩

如何讓孩子不至於以災難性的想法看待事情？

當孩子沒有辦法像開關一樣切換思考時，就需要學習以比較合理的解釋方式來替代，移除明顯而強烈具毀滅性、破壞性與災難性的想法。

讓孩子瞭解要**「合理地思考」災難到底存不存在**。或許有些孩子是一朝被蛇咬，十年怕草繩，一旦暴露在類似情境中，焦慮情緒很容易再度被喚起。

試著引導孩子重新改變自己與這些字眼之間的連接，關鍵在於「孩子的想法」。比如他是如何認定與解釋自己與這些字眼（例如作弊、造假、抄襲、不實）之間的關係，針對這一點，化解這些實際上並不存在的連結。

引導孩子編寫焦慮的腳本

我們需要清楚覺察自己內心小劇場的合理性，以及是否太容易編寫自己的劇本，讓演員過度緊張而疲於奔命。

每個人都可以試著當編劇，都可以試著編寫自己的焦慮腳本，包括：劇情要怎麼寫？主角是誰？以及時間、地點，人物心理的轉折、情緒的描繪、事情的轉變、主角如何思考，他的想法、他的對白、說出來的話等。

還有，焦慮的產生，要在哪個情節點出現？如何讓焦慮來到一個高點，接著男主角、女主角又會如何面對？配角也許是爸媽、老師、同學，也許是網友，又是如何扮演？

讓孩子試著寫一篇有關焦慮的短文、故事或劇情，依照自己的切身經驗或是虛構都可以。這麼做是讓孩子試著思考，面對抽象的焦慮，自己在腦海裡或實際遭遇時，可以如何因應。

有了想像的畫面、一部腳本的架構，就可以很清楚、仔細地拿捏如何從中改變劇情。抽出其中一篇作為範本，接著讓孩子去改變當中的對白。

對白反映的是一個人的想法。這個想法要怎麼解讀？劇情要怎麼演變？最後是要讓男主角、女主角有個happy ending？還是以悲劇結束？

當孩子對於焦慮的劇情有了非常具體的畫面，就像電影、偶像劇的劇情一樣，便能逐漸掌握當中的細微變化，焦慮不再只是一個模糊的概念。

孩子有上臺焦慮？

「第三組準備上臺。第四組同學，預備。」

聽見老師這麼宣布，坐在底下的哲文猛吞起口水，雙手搓弄著，腦中一片空白。

講臺上，第三組的鳳英臺風穩健地進行報告。她的聲音清脆悅耳，報告內容非常流暢，說話字正腔圓，語調鏗鏘有力，的確是演說高手。

哲文聽見自己怦怦的心跳聲，「怎麼辦？待會兒我愣在現場怎麼辦？底下的同學們有幾十雙眼睛都在看著我，到時候，如果我詞窮講不出來，那不是完蛋了？同學們會怎麼笑我？怎麼看我？」

儘管為了這回上臺報告，哲文花了好幾個晚上認真做準備，甚至還對著鏡子一次又一次地練習。但他就是不爭氣，就像過去，他總是在上臺前的節骨眼上，焦慮不已。

「不行、不行、不行，我要有自信一點。我得告訴自己：我可以的！更何況，我都準備這麼久了。鳳英做得到，我當然一定也做得到。」

哲文緊緊握拳，在心裡替自己加油、打氣。

鳳英的報告來到尾聲，掌聲熱烈響起，持續了十幾秒鐘。

「第四組準備上臺。」

瞬間，哲文的腦袋竟然一片空白。

「第四組準備上臺。第四組……」

「哲文，換你上去了，趕快上去啊！」阿雄催促他。

哲文卻愣住了，僵在自己的座位上，突然間變得動彈不得。

「哲文，你還坐在那裡幹麼？」

「王哲文……」老師的聲音在耳畔迴盪，哲文的眼前一片漆黑。

陪伴孩子面對焦慮

辨識失控的災難性想法

對於上臺，孩子焦慮地出現災難性想法，例如：

「我擔心在現場講不出來。」

「底下的人會認為『我聽你在放屁，聽你在亂講』。」

「你真是錯誤百出耶，我看你根本沒有準備嘛。」

「拜託，這種音量誰聽得到？」

「講話好沒有吸引力！」

「語調怎麼那麼單調？」

「臺風好差喔！」

我們在想法上會出現許多負面自我暗示，總認為自己會出現很多失誤，這些失誤的想法，又會帶來很多災難性的想法，比如：

「我就知道，同學們發現我上臺出糗，一定會在底下笑成一團，認為我根本是一個很糟糕的人。一定有人會說這樣也敢上臺報告。我會成為大家的笑柄，在班上、在LINE群組裡、在臉書上，同學會開地球瘋傳。不只是班上和學校，整個社區的人、整個網路上的人，都知道我是一個上臺報告很爛的人，怎麼辦？」

「大家知道我是這種等級，以後會怎麼看我？以後我在選擇學校、面試的時候，連主考官、口試委員都會知道我是一個不會講話、口條很差的人，那我根本找不到工作，我一生就毀了……」

你有沒有發現，這樣的災難性想法已經失控了，足以讓自己崩潰，把自己嚇得粉身碎骨。

當孩子想到這裡，事實上，思緒已經完全停擺了，甚至於腦筋一片空白。在臺上，喉嚨被整個鎖緊，聲音沙啞，甚至發不出聲音來。雙腳發抖，握著麥克風的手也不時在顫抖。身體會開始冒冷汗，可能會出現手汗，甚至不知道自己的眼睛該往哪邊看。不時地撥弄頭髮、拔頭髮，不時地抓臉、摳手。不時地抓衣角、咬衣領，衣服被扯得亂七八糟，還不時地將拉鍊拉上拉下。

孩子的認知、行為、生理反應等，都不斷地在暗示自己：我現在焦慮了，焦慮到亂掉了。

上臺前準備之一：先在腦海裡，演練上臺的畫面

要幫助孩子讓上臺時的自己感到輕鬆、自在，可以引導他在腦海裡，先把上臺的畫面演練過一次。

想像中的情景，是自己在舞臺上能夠自由自在地表現，而非擔心會如何出糗，僵在現場。

以我來說，我會不斷演練，醞釀想像的畫面，這有助於我更能掌握現場的狀態。我會看到自己生動地在舞臺上走動。我手上持著麥克風、簡報器。我注視著臺下某個人的眼神，他對著我微笑，我對著他微笑。我知道，我會向左邊走幾步、往右邊走幾步，再轉個身點開下一張簡報，繼續露出微笑。

事先在腦海裡，不時「播放」上臺的想像畫面，這是一種加深自己掌控當下情

境的能力。

很重要的是，提醒孩子在他腦內的排演內容，絕對不要嚇自己，就以熟悉的畫面呈現。多演練幾次，我相信，孩子一定可以有精湛的演出。

上臺前準備之二：實際排演，預防自亂陣腳

為了降低焦慮，可以引導孩子事先準備好要講的內容，讓自己在比較從容的情況下，優雅登臺。

透過實際演練，以有效因應上了臺之後，不知道該如何是好的尷尬，或是面臨突發狀況而感到措手不及的慌亂。

這些演練就如同排演一樣，一次一次的排演，讓孩子更加熟練，當真正上了臺時，實際面對眼前的情況，可以很從容、優雅地達到自我設定的表現。

上臺前準備之三：要說的內容，在腦海裡反覆播放

在報告之前，先把要講的話在腦海裡預備好，反覆播放。並且告訴自己當時間到了，這些內容自然而然就會非常規律地，像透過輸送帶傳送出去，也就是到了什麼時間，就會講什麼話。

在說的過程中，適時地停頓。適時露出微笑，讓臉部表情、肌肉適度放鬆。緊繃的表情和僵硬的身體，絕對不會加分。

建議可以這麼鼓勵孩子：

「不要忘了，你準備好久了，準備得很足夠了。記得該給自己正向的鼓勵、肯定和回饋，不需要再嚇自己，沒有必要對自己那麼嚴厲。」

上臺時重點之一：聚焦於臺下的「友善眼神」

站在臺上時，在即將演講前，我會用最快的速度掃視一下臺下的聽眾，尋找那一雙對我來講最溫和、善意、親切而專注的眼神。你可以感受到這一雙眼睛讓你覺得是最舒服、安心、能夠接納你的。

可以建議孩子，上臺之後，先把視線放在比較熟悉的同學身上。在班上一定有幾個人讓自己看著看著，自然就會露出微笑，散發出愉悅的心情。

沒有必要把注意力過度聚焦在底下說話酸來酸去，只會挑剔、批評，不會講好話的同學身上。

上臺報告，是要講給班上大多數的同學聽，甚至於也許只是講給老師聽。因此，少數不友善的聽眾不是我們設定的目標，他們不重要。

請這樣告訴自己：我不可能去迎合所有的人，但是我需要討好自己。

我們可以試著和孩子討論，在班上的同學之中，他認為身旁有哪些人是比較友善的。讓孩子先從自己比較容易注視的同學開始練習，再逐漸增加注視的時間。

上臺時重點之二：
手上拿東西以轉移注意力，穩定情緒

為了讓自己在臺上更優雅、自在，建議孩子手上能夠拿著東西，無論是簡報器、麥克風、一枝筆或一張紙都可以。

如果手上沒有東西，可以讓手指頭緊緊地貼在一起，比如大拇指跟食指。這樣注意力會暫時轉移到手指頭上。這時，焦慮會緩和一些，有助於穩定情緒。

別把上臺視為作戰

緊張、慌亂，容易造成身體長期處於備戰狀態。

我們可以想像，處在這種備戰狀態下，如同不時遭遇到攻擊，發現四面八方、前後左右，都有許多對自己產生威脅的事物。在自我保護的前提下，我們會疲於奔命而耗盡所有力氣。

時常處在警覺中，整個人是拉緊了神經。身體的耗能將使我們感到愈來愈疲倦。

上臺不是作戰，而是我們許多的生活經驗之一。這一次是上臺報告，下一回可能是其他狀況。引導孩子調整步伐，以比較優雅、自在、從容與輕鬆的方式，面對生活中的事物。

心理和實際都要「充分準備」

生活裡存在著許多的挑戰、困難，有許多複雜的事情等待我們面對。也因為這些情況的高難度，才需要我們逐一進行拆解，讓我們能夠更有效因應眼前的狀況，而不至於亂了陣腳。

哪些事情呢？例如，一定得上臺報告。

躲不掉的上臺是我們無法改變的，雖然很想逃避，但是非上臺不可。

既然無法逃避，我們就要回到自己：該如何準備？如何面對？

這裡所說的「準備」包括兩部分：一是在**心理上**，如何調整自己的想法，用比較合理的方式來思考。二是在**實際上**，自己對於上臺做了多少準備。

這樣的準備有助於讓自己上臺時，具備更多的應變能力，當有狀況發生，就比較能夠從容地有效面對及應付。

對於焦慮的控制，重點之一在於有些事情是我們可以掌握的，例如掌握上臺要講的內容、每一場報告要做的ＰＰＴ數量、講每一張ＰＰＴ內容要花的時間等，甚至可以掌握底下聽眾的一些反應。能夠充分掌握控制的範圍，多一些自己能掌握的事情，情緒就會比較平穩。

有些孩子一開始很抗拒上臺，但是練習做好充分的準備，到後來變得非常喜歡上臺，因為孩子感受到上臺就像一場遊戲，一個展現自我的機會，而非常樂於從事這樣的活動。

孩子有轉學焦慮？

「都是你啦！幹麼叫我轉學，害我的好朋友都不在身邊。你們知不知道跟好朋友分離，是多麼痛苦的事情？還有，這什麼爛學校，沒有人理我，害我坐在教室裡像人形立牌，把我當成塑膠。是怎樣，我是沒有生命喔？從我面前走過，卻無視於我的存在。」育平向媽媽抱怨著。

「沒辦法，爸爸換了新工作，我們得離開原來住的地方，搬到新地區。轉學這件事，真的是不得已啊！」

「不得已，不得已，不得已……你們就只顧自己，都沒有考慮到我。我好不容易在原來的班上和幾個同學熟悉了，現在呢？一、個、都、沒、有！」

眼看一下課，有些同學就奔往籃球場打鬥牛，其他同學三三兩兩地笑成一團，有些人則是在討論課業。而自己呢？就像一具沒有靈魂的軀殼，無論在教室走廊上或者自己的座位上，都只能沉默地待著，痴痴地等候在這班新同學中，有人多注意自己幾眼。有時他看著某位同學，結果對方轉過頭發現了，臉上一副「看什麼看啦！我跟你又不熟」的表情。

而最讓育平痛苦難耐的事，就是分組。

「每次遇到要分組，就讓我超級難堪的！」育平斷續向媽媽一吐怨氣。尤其是聽到老師說「同學們，現在四個人一組，班長在下課時把名單交給我」，每當這種時候，他都只能抱著期待，左顧右盼，但同學們的視線永遠不會落在自己身上。他在教室裡如坐針氈，凝結的空氣令人感到窒息。

難道自己就像瑕疵品一樣，等著被退貨嗎？人家連看都不看，他是一件完全上不了檯面的商品，連運送都無法運送，最後就只能堆積在倉庫裡，與班上那一、兩個同樣也被退貨的同學——班上最弱的、最被瞧不起的——同病相憐的他們，同一組。

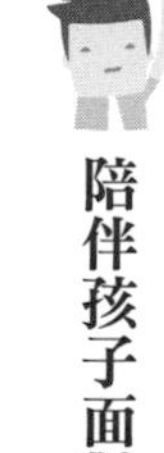

陪伴孩子面對焦慮

「為什麼轉學？」老師主動協助分享，讓孩子更自在

每個孩子轉學的原因不盡相同，有些是因搬家而轉換新環境，或者在原來學校的適應出了問題等等。

對於班上的轉學生，總是會有一些同學非常好奇地詢問原因，或是狐疑地想：他為什麼轉學？是否有不可告人的祕密？

而在轉學生的角度，如果只是因為搬家、父母的工作調整等很簡單的情況轉學，一切就相當單純。然而，如果是牽扯到自己在原學校的適應問題，或與老師、同學之間的關係影響，或是面臨校園霸凌等相關敏感議題，而被迫離開原校，那麼他不一定會想把內心的想法或生命故事等，告訴周圍這群陌生的同學。

對於轉學生來說，該如何跟本班同學解釋自己為什麼要轉來這所學校，以及跟誰說、如何說、什麼時候說等等，在在都得注意。

老師如果願意主動協助，讓全班同學有機會一起瞭解、分享各自曾經有的搬家、轉學經驗，不但能使新同學逐漸感受到原來不只自己有這樣的經驗而已，彼此的經驗分享，也有助於同學之間感受上的調適、接納及瞭解。

老師也可以先蒐集班上同學的提問，讓轉學生能針對同學的好奇疑問，事先有所準備，逐一整理，並在適當的時機做回應。

「如何融入新團體？」老師細膩安排，不讓轉學生獨自吹冷風

同學之間的互動是現實的，不會因為一個轉學生突然加入而有多少改變，就像地球不會因為任何原因停止轉動。

的確，有的同學對轉學生會表露出想關心、想瞭解，但也有些同學會繼續維持自己的活動。

面對新環境已經很不安了，同學的冷漠又是另一股讓轉學生感到冷颼颼、不舒服的氛圍。要融入既有的團體，難度不小。

面對轉學生，有些老師自然而然啟動了細心、細膩與體貼，**優先選擇班上兩到三位比較熱心的同學協助轉學生，以讓新同學可以比較快融入原來的班級，生活上**

軌道，以找回規律的日常與上課作息。

有了固定的同學在身旁，孩子心裡面相對踏實了許多，而不用沒日沒夜地擔心：明天我要跟誰說話？我該如何說話？如果人家不理我，又該如何是好？在班上有幾位同學主動接納，有助於新同學快速融入並適應新環境。

正負想法的翻轉

「我是轉學生，同學們彼此已經認識了，大家不會接受我。我根本不可能打入他們的小圈圈裡，他們不會想要瞭解我。我在這個新的班級裡，只會變成邊緣人，只會被排擠。分組只會被分到一些撿剩的人，像是資源班的、成績不好的、上學總是遲到的、隔代教養的，跟這些人混為一組……」

當孩子這樣想，很明顯是處在負面思考中。現在立即要做的是改變負面念頭，讓孩子練習用一種合理的角度來思考。

這個練習需要一次又一次的自我強化。

在思考的過程中，有兩套不同的系統。一種來自於比較負面的解讀，我們會給自己套上各種災難性的想法與可怕的後果——每一個想法、每一種後果都逐漸往自己身上套，塞入腦海，這是很令人疲憊又焦慮的，觸目所及都是對自己不利的情況，用白話來講就是我們不時在嚇自己，讓自己更加裹足不前，陷入更糟糕的狀態。

所以關鍵在於翻轉孩子的思考角度，引領他試著以比較合理的想法來看事情，至少讓孩子瞭解**對於同一件事，可能有兩種、甚至第三種不同的解釋**。當想法一啟動，我們有可能做出負面解釋，但是也可以選擇從正面來看，例如：

「我是轉學生，我從不同的環境來，也許同學會好奇我為什麼轉過來，這正好可以帶來新的話題，讓我有機會跟他們分享在不同的校園及班級裡，和不同的老師、同學相處的差別，以及共同點在哪裡。這可以滿足他們的好奇。

「同時，不但提升了我與新同學互動的能力，也增加了我應對新的人、事、物的經驗，日後可以更熟練地面對各種人、事、物。」

小圈圈是一種歸屬感

每一個孩子對於新環境的調適能力不盡相同，需要調適的重點也有差別。有的人可能需要適應整所新學校、整個外在環境，以及與之前不同的學校氛圍；有些孩子則需要花時間去熟悉不同的老師及同學。

轉學生面臨的最大挑戰之一就是如何融入新班級裡，同學們之間的凝聚氣氛。在學校裡，一、二年級的孩子如果能夠玩在一起，通常就是朋友，也比較容易彼此接納。但是孩子從中、高年級開始，逐漸強調「歸屬感」，小圈圈的形成開始明顯。而轉學生要打進不同的小圈圈，難度相對來得高些。

在此先排除可能出現的刻意排擠或霸凌。

老師或許可以思考，協助轉學生**與班上同學組成新的小圈圈，例如接納他、對他有好奇，或者彼此感興趣、有話題、頻道相近的同學們組合在一起。**

與其說是小圈圈，其實是班上有一群同學可以彼此產生共鳴，互相交流，願意敞開心胸及想法，讓彼此有共同經驗的分享。

不是要刻意分黨分派，而是到了中、高年級，進一步尋求親密的凝聚力、歸屬感，是這個階段的孩子較為明顯的社交需求。

請聆聽孩子轉學的委屈

關於轉學，我們可以先聆聽孩子怎麼說，仔細感受一下他怎麼看待「轉學」這件事情。例如對於爸媽決定要自己轉學的感受，像是無奈、委屈、憤怒、難過、害怕、擔心、焦慮等。

請接受孩子可能存在的各種情緒，並且聆聽這些情緒是如何產生的、他的想法為何。但不要批判。

身為班上的新同學，孩子目前在學校適應的困難點在哪裡？這部分需要爸媽以及老師細膩的觀察與瞭解，不能只是期待孩子自己主動說出來。

建議爸媽也**協助孩子維繫與原先同學的關係**，讓孩子有機會把自己的情緒和過去的同學分享，使情緒有適度出口，有助於減緩孩子的焦慮。

孩子對時間焦慮？

有很長一段時間，我總認為自己有「很賤的基因」（這只是一種自我解嘲的說法），總是在事情火燒屁股的時候，才開始趕工。

這時，腎上腺素開始上升，你發現精神似乎更旺，做事的效率更高。在時間的壓縮下，整個人處於一種緊繃的狀態，有時就像瀕臨死亡的感覺一樣（這只是一種主觀的形容）。

最後在截止時間前，像聯邦快遞般使命必達，達陣成功！自己也鬆了一口氣。

只是，我常常忽略了一點：長期暴露在這種緊繃狀態下，對於身心健康其實是一種傷害，久而久之，「焦慮」便自然而然地被喚起。

我們總是很容易找一套說詞來美化自己的行為模式，卻往往高估自己的執行能力，而低估了行為的後果。這一點，在注意力缺陷過動症（ＡＤＨＤ）孩子身上最明顯。

如果今天讓你在死線之前的最後一秒鐘完成了，那我只能說恭喜你，算你運氣好。可是，不能期待幸運之神每回都準時降臨，老是眷顧著你。

有些人還真的挺享受在死線前的快感。在截止期限之前，若能夠來個逆轉勝，順利完成，那一剎那的感覺可是非常暢快的。

但我們有沒有思考過：只要有一點點差錯，超過了最後期限，我們是否可以承擔逾時所帶來的後果？

我很清楚，當自己處於極度焦慮的狀態，通常都是由於即將觸及死線——約定的時間快到了，但應該要交付的事情還沒有完成。時間漸漸逼近，死神在眼前，揮手召喚……

在這種情況下，我會發現自己出現有別於平時的生理反應：很明顯地，喉嚨快速縮緊，臉部和眼皮開始出現不自主的抽搐，沒有辦法讓它暫停。

比如交這本書稿，我給自己設下的死線是晚上00:00。到了當晚的11:59:59以前，我完全無法分心去管自己的生理反應。截止時限不斷逼近，眼前就像有顆定時炸彈，即將在越過晚上11:59:59之後，於00:00整，瞬時引爆。

隨著剩餘的時間愈來愈少，我的臉頰會不自覺地開始抖起來。這種反應在平日是很少出現的，也唯有在極度焦慮的狀況下，才會被誘發出來。

這種狀況，當然不能讓它常發生。如果這種情形一而再、再而三地發生，可想而知，發作的頻率會愈來愈高。比如原本一年只出現一、兩次，漸漸地，半年發作兩、三次，接著是三個月內有幾次，然後是一個月就有幾次……最後變成每個禮拜都出現——到了這地步，就要特別留意，不自主的抽搐是否成了自己遇到壓力時的一種「反應模式」。

這種不自主的抽搐，最典型的是發生在妥瑞症孩子身上。你可以想見，這些孩子有多麼困擾和痛苦。

這種在「死線」前掙扎的自殘遊戲，是我們該慢慢擺脫的時候了。

陪伴孩子面對焦慮

適度的焦慮有必要

若孩子對於時間過度注意而焦慮，陪著他想一想：他是怎麼解讀「時間」代表的意義？特別是沒有在既定時間內完成事情，對他來講又表示什麼意義，以及是否真的有令他無法負荷的後果。例如上學遲到，究竟會怎樣？

孩子對於時間的過度敏感，很多時候來自於當時間沒有辦法符合自己的預期或別人的期待，而使他過度擔心隨之而來可能產生的後果及代價。

這個後果及代價，有時候的確會產生實際影響；但是，有些則來自於孩子自己的擴大解釋，延伸此後果會對自己帶來的不利，甚至於有一些災難性的想法。

這也是為什麼處理「焦慮」這個議題得回歸到孩子身上，這與他認知眼前事物的「合理性」有關，其中也牽涉到孩子對於事物的認知評估是否「符合事實」。

日常生活中，對於時間的留意，確實是有必要的，因為日後無論是學習、生活、考試或未來的就業，甚至於與別人之間的約定，都與時間息息相關。

敏感是一件好事，而如何「合理解釋」，也決定了這份敏感會不會壞事。

把時間隱藏起來

為了緩和孩子對於時間的過度敏感，試著跟他一起練習：設定一段時間（例如三十分鐘、一個小時，可採取手機鈴聲設定），在這段時間範圍內，不抬頭看牆上的時鐘、不留意手錶或者眼前的任何時間裝置。

這當中，讓孩子很舒緩地放鬆，比如聽音樂、畫畫、玩桌遊……任何能夠幫助孩子放鬆的事情都可以。**讓孩子去感受在這段時間裡，自己專注於眼前事情上所產生的愉悅感覺。**

把時間隱藏起來。

掌握自己焦慮的脈動

如果我們能夠有效地掌握眼前的狀況，進而便可以掌握自己的內心狀態，特別是對於焦慮的控制。

換個方式來講，就是帶著孩子慢慢學習到掌控眼前的情況，例如要做的事情的進度、內容難易程度，或是方向、規律、節奏性、能夠運用的資源等，在自己合理的評估範圍內，有效地進行控制。

至於能掌控的程度，必須符合自己的實際能力，以一切合理為原則思考。

給自己設定一段「安全時間」

以前我都是事情到了眼前，才急著想要處理，但現在漸漸會提前，給自己一段緩衝的時間，從容一些。

我們都可以給自己一個安全的時段，例如每件事情多預留十五分鐘或三十分鐘，保留一些時間彈性。**適度的彈性也確保了自己能夠以從容的方式面對眼前的事物，而不至於被時間壓縮、控制。**

有時候把時間抓得太緊，在時間的壓縮下，便令人感到焦慮，擔心超過時間、遲到了，接下來可能得面臨的後果。既然我們總是知道、也覺察到自己給自己的時間相對有限，那麼何不讓自己有多一些從容、充裕的時間與轉圜的空間？避免總是處在時間壓縮的狀態，而任由情緒浮動又焦躁。

一直處於時間的壓迫下，我們從情緒到血壓、心跳、脈搏和呼吸都總是在急促的狀態中，就像一個人不時在破壞自己的情緒狀態，讓自己疲於奔命，不僅心累，專注力也沒有辦法集中，同時會感受到一股疲憊，做事沒有效率。

對於孩子來講，當然也是如此。

時間的安排與規劃，可以從小建立起。教孩子給自己一段安全時間，例如十五分鐘，**在這十五分鐘的空檔中，允許有一些狀況發生。至少在這十五分鐘內，可以保持比較安心的狀態。**

針對焦慮管理，讓孩子從小練習設定一段從容的空白時間（安全時間），在這段空白時間裡，允許自己能夠比較從容自處，也好因應有狀況發生，例如因身體不適、感冒、咳嗽、發燒或睡眠不足等，而導致解決問題的執行力降低。這些都是我們必須多預留空白時間的必要考量。

盡量考慮可能的變數

我習慣在要進行一件事情時，先把各種可能的情況詳細地列出來。並不是要嚇自己，而是要全盤考慮各種突發狀況，將各個可能的改變係數都考慮進來。這讓我更有餘裕，更能夠周延而完整地安排、拿捏時間的運用，以及準備的方向。

先考量周全，接著找出相對應的策略。如果真的臨時有突發狀況發生，至少在第一時間，我可以很有效率地把曾經想過的一些策略拿出來套用，而不會讓自己亂了陣腳，不知道該怎麼辦。

孩子焦慮時，常自慰？

阿強把自己關在房裡很長一段時間了。爸媽實在搞不清楚這孩子到底在幹麼。手機正被他們保管中，所以阿強不至於在房間裡玩手機。這令他們更納悶了，不明白正值青春期，活力旺盛的孩子，為什麼一直窩在房間裡。這孩子到底在做什麼？

其實，阿強正處於一種非常矛盾的狀態，心情是浮躁的。雖然明知有許多待辦的事情，等著自己行動，但是焦慮感也由此被引發，使他陷入不知所措。

有些尷尬的是，每當焦慮浮現，他就開始滿腦子都是對異性的遐想。

他發現感到焦慮的時候，無論是洗澡、待在房間裡或睡覺前，自己的自慰頻率也較平時高出許多，不免有點擔心：像這樣長時間一直自慰，是否會縱慾過度？是否他有什麼心理問題？對於健康會不會產生什麼副作用？

自慰這件事，無論在家裡或在班上同學之間，都令人很難啟齒。有時同學在社群中或教室裡嬉鬧著說：「哇塞，又打了手槍。」阿強都只有默默地聽著，對於同學們之間的對話，他不敢有任何回應，因為擔心自己一加入，一不小心，在言語之間很容易被同學識破，發現原來他正是同學們在聊「又打手槍」的那個人。

對阿強來說，打不打都是壓力。只是一旦壓力來了，目前對他來說最快、最好的壓力紓解方式，就是不斷磨蹭著地板或手不時來回抽動著，任那些熟悉的ＡＶ女優穿梭腦海。

撩人的姿勢，裸露又養眼的畫面……阿強已經不需要看網路影片了，就像有ＭＯＤ儲存在腦海裡一樣，隨時可以提取、播放，自己就很有感，有如身臨其境。阿強的手，不時抽動著自己的生殖器，時而興奮，血脈賁張，時而焦慮，罪惡煩躁。每當動作停歇，他都覺得自己是個見不得人的少年變態。

自己待在房間裡多久了呢？

阿強好累，再也沒有力氣去想了。他整個人癱軟在床上，內褲因為射精的關係，濕了一片。

漸漸地，他沉沉睡去。

陪伴孩子面對焦慮

不懂裝懂的少年們

性教育這件事情，在學校，老師不談，在家裡，父母不教。許多青少年就只能在班上或網路上問人。

不懂卻裝懂的同學A把自以為懂、實際上卻不懂的事情，教給不懂的同學B，最後兩個人懵懵懂懂的，還以為自己真明白了。

別壓抑焦慮

讓孩子試著覺察，往往都是哪些想法讓自己陷入焦慮。持續墜入焦慮的狀態，就像掉入深水中，不斷地求救，想要掙脫，卻沒有游泳圈在身旁，也沒有浮木能撐起自己，被無助的感覺籠罩著，使我們載浮載沉。

試著找出這些不合理的想法是什麼，同時進行認知的調整與改變。**面對孩子的想法，我們很容易直接告訴他，「你不要這樣想」、「你不需要那樣想」、「你不要想那麼多」，但這其實是一直在否定、壓抑孩子的情緒。**關於焦慮的想法、認知，是亟需去面對與正視的。如果不去瞭解想法與認知對於自己焦慮情緒的影響，將被焦慮折磨和綑綁，無法解開也無法掙脫，而陷入痛苦不已的狀態。

請讓孩子可以有更多的選擇與思考模式，有多一點看待事情的方式。當不執著在特定想法上，我們就會比較從容，而不再陷入死胡同。

啟動放鬆的活動

當孩子持續處在煩躁、焦慮的狀態時，不妨試著進行一些放鬆活動，舒緩心情。無論是散步、洗澡或選擇一個靜靜的地方，都很好。讓自己保持在一種平穩的狀態，呼吸平穩，脈搏維持適度的節奏。為了避免因為固定姿勢造成肌肉僵硬，而感覺到更加疲倦，可以先試著放鬆肌肉，做些伸展運動，活絡一下筋骨。

建議平時便引導孩子觀察、記錄，哪些活動有助於自己放鬆心情，例如喝一杯溫開水有助於心情穩定。

並且協助孩子透過想像的方式，在腦海裡先預想輕鬆的畫面，也許是在林蔭大道散步，坐在溪邊聽著潺潺的流水聲，走在堤防上，或面向海、看看山等，或是想像自己在浴缸裡泡澡。

紓解焦慮，要學習每天「好好過日子」

我要再次強調，教育孩子，不能只是期待他們「以後過好日子」，而是要能讓孩子學習每天「好好過日子」。

每一天都可以練習在不同的時刻，做不同的活動來舒緩焦慮情緒。任何小小的行動都可以，讓自己壓抑的情緒可以適度緩解，像水庫一般，慢慢地舒緩，慢慢地洩洪，而不是突然間洪水爆發而傷了中、下游，更傷了自己。

唾手可得的小活動

很多小活動和小行動，在生活中唾手可得，都可以**帶著孩子一起去體驗，找到足以讓自己心情平靜的方式。**

凝視著眼前的樹葉隨微風搖曳；仔細注視著眼前的碎石頭，或是紅磚道上的光影變化；傾聽身邊的蟲鳴鳥叫聲。有時，只要仔細注視著一幅畫，感受微風吹拂，或看著躺在地板上慵懶睡覺的狗兒、漫步的貓咪，都會讓心情舒緩下來。或者就只是靜靜地不說話，沉澱一下。有時抬頭看看天空，望著雲朵的移動和不同的形狀，這些也都有助於轉移焦慮情緒。

無所事事地「放空」

或許有的孩子會告訴你：「好無聊，做這些事情要幹麼？」其實這提醒了我們，孩子還沒有真正感受到專注於一件事物所帶來的，讓心情平靜的好處。一旦感受到了，他會發現生活中是沒有無聊這回事的。

所謂的無聊，我們可以試著把它定位成「放空」，不做任何思考，只是靜靜地，什麼都不想，無所事事。

我要強調**這裡說的無所事事，是我刻意想要讓自己整個人放空**，而不是因為沒有事情做導致浮躁。這是兩件不同的事情，需要加以區分。

我自己紓解壓力的方式是：在演講或工作過程中，只要中間有任何空檔，我都會去走走，比如逛校園、散散步和拍拍照，舒展一下筋骨，同時也是藉由轉移的方式，把上一段事務的情緒歸零。如果有比較長的休息時間，我會重複這麼做，盡量利用各種時段。

另外建議你，在工作結束之後，不要馬上回家，可以試著先沉澱一下，繞段路、轉個彎，迂迴一下，你會看到不同的風景。我就是這麼做，這讓我有一種「玩到」的感覺，而每天都有玩到的感覺，對我來講就是一種放鬆。同時，一天的疲憊也藉由這樣而釋放了，就如同我們把心裡的髒東西沿路拋棄。

回家之前，先慢慢釋放一天的疲憊

我常常在演講時開玩笑說：「我們不需要在回家前過火去霉運，但可以在回家之前，先慢慢釋放掉一整天的疲憊。」

這些釋放有助於當回到家，按下電鈴的那一剎那，我們整個人的表情與肢體動作、甚至整個人是明顯放鬆的，而不至於讓家人打開門的那瞬間，看到我們是板著臉、愁眉苦臉或一副疲憊的模樣。

家人沒有義務承受我們帶回家的負面情緒及感受。多給自己一些機會沉澱，不需要太長時間，也許只是短短幾分鐘，以適合自己的方式，讓焦慮緩和。

還是要回到我常講的一句話：**當我們大人學會紓解壓力、放鬆心情，孩子就有機會學習到我們的方式，他們也會同步地進行放鬆練習。**

孩子在學校尿尿會焦慮？

學校的男廁裡，大宇已經在小便池前站了三、五分鐘，尿不出來。

「你是被罰站是不是？尿不出來，我看你又縮回去了。」阿亮先發難，在旁邊開玩笑。他這麼一講，大宇還真的龜縮了回去。

但真正的災難還在後頭——

「你們來看，你們來看。」

「好小哦，要用顯微鏡看啦。」

「哈！看不到什麼啊！」

「拜託，你到底有沒有長大？」

「怎麼尿一下，就又縮回去了？」

「哇！他的鳥不見了，飛走了。」

「你怎麼尿那麼久？是不是攝護腺肥大？」

幾個男同學探頭探腦地往大宇的「那邊」猛盯著看。

一時之間，大宇面紅耳赤且極盡羞愧，說：「你們真的很變態，走開啦，走開啦！」

「哎喲，不要亂噴啊，你還在尿尿欸。」

「對嘛！我被他的尿灑到了，好噁心哦。」

「快閃，快閃，快拿酒精消毒。」

大家七嘴八舌，一哄而散。

同學們對於大宇性器官的冷嘲熱諷，極盡批評、揶揄，令他感到非常羞愧、尷尬又難堪。

每次只要一想到這些惡言惡語，大宇的自尊心就矮了一截，焦慮又明顯地升了上來。

這樣一次、一次又一次的言語刺激、惡意玩笑，讓他的注意力一直停留在周圍的人身上，擔心別人到底怎麼看自己，會不會想：為什麼他站在小便池前面這麼久，還尿不出來？

那就憋尿吧。大宇曾經試著憋尿，想說先憋著，或許等膀胱真的膨脹了，到時候快跑到小便池前，就比較容易尿出來。但事與願違，憋著憋著，有那麼一、兩次來不及，把褲子尿濕了。

「是誰尿褲子？好臭啊！」小敏大聲說。

他試著用外套、書包遮遮掩掩。但課堂上，一股尿騷味撲鼻而來，同學們質疑的眼神像雷達般掃射。

深呼吸……大宇只能正襟危坐，裝作若無其事，強迫自己讀著課本上的每個字，愈專心愈好。絕對、絕對不能讓同學們發現，是自己憋不住，尿濕褲子了。

在學校尿尿這件事，成了大宇的焦慮來源，這使得他在學校不敢喝水，深怕喝了水就想往廁所跑，卻又尿不出來；可是不喝水，加上憋尿，只是導致尿尿的問題更加惡化。

曾幾何時，學校的廁所門竟成了地獄之門，令人害怕、恐懼又焦慮。

陪伴孩子面對焦慮

焦慮會抑制行為，引發更大的焦慮

當孩子的注意力過度聚焦在可能被看見，或認為別人正在看自己、對自己評頭論足，或是想到同學們是否在用負面眼光看自己，進而將使孩子明明需要上廁所，行為卻被抑制了，而變得不是那麼容易順利尿尿。

在小便池愈待愈久，更讓孩子處於緊張狀態，焦慮的情緒更加惡化。

關掉雜念

引導孩子在小便池一邊尿尿，一邊想著熟悉的歌曲在心裡哼唱或在心中吹口哨，愈熟悉愈好。透過熟悉的旋律在腦海裡自動播放，可以不受其他雜念干擾。

偶爾可以閉起眼睛，讓自己稍微放鬆，有利於順利排尿。

暢快想像

閉上眼睛，想像膀胱已經飽滿，豐沛的水量就如同瀑布一樣，即將傾瀉而出。你聽見尼加拉大瀑布或石門水庫洩洪般的澎湃水聲。

透過具體畫面的想像，也有助於較為放鬆，順利排尿。

嚴選廁所

下課時間，廁所裡常常人滿為患，像是菜市場一般，同學之間嬉鬧、爭吵加催促聲此起彼落。這些雜訊難免會讓站在小便池前的孩子，感到被催促，而喚起內心的陣陣焦慮。

讓孩子透過經驗值，判斷在校園裡有哪些廁所相對地沒有那麼擁擠，至少能讓自己感到自在從容些。

例如，有些孩子乾脆跑到遠一點的廁所，或等到人比較少時再上，或者選擇上大號的廁所，把門關上。在沒有人注視的情況下，會感到輕鬆、自在許多，也比較容易順利排尿。

表達自己的內在感受

陪著孩子練習開口，表達感受。當他又在廁所遭到同學們無理的嬉笑，對自己尿尿或生殖器開惡劣的玩笑時，勇於向對方說出內心的感受。

或許在孩子說完之後，同學們依舊不為所動（這部分的行為後果就有待老師處理了），但**至少他把自己內在的想法說出來了，不再壓抑而徒增煩惱與焦慮。**

老師請協助，針對始作俑者的自我覺察

有些孩子沒有口德，面對這些好嘲諷的孩子，我會問：「你們說這些話、做這些動作，到底想要做什麼？」

孩子們通常回答：「只是好玩而已。我們在跟他玩。」

我會進一步地問：「好玩？到底哪一句話好玩？哪一個動作好玩？好玩在哪裡？是你好玩？還是他好玩？你想玩，但對方到底有沒有想要跟你玩？」

我不問孩子「為什麼」。我會問「你在說什麼？你在做什麼？」，讓孩子先自

覺察孩子的焦慮危機

我覺察他在講這些話、做這些動作之前，是否思考過自己心裡真正的用意。

孩子可能會告訴你：「我沒想那麼多。」

就是因為我們常常在做許多事情時很少思考，連帶地也不會去注意到，一句話說出口之後，可能造成的影響及殺傷力。

我們總是很不負責任地把話說完，拍拍屁股就走了，頂多一句「對不起」就帶過。但是，我們沒有思考過自己脫口而出的一句話，會讓聽的人心裡承受多少傷害。

你可能想：「會不會是聽的人真的太玻璃心了，怎麼一句話就受挫成這樣……」

這是兩回事。

說，是一回事；至於對方如何去感受，又是另外一回事。無論對方是不是玻璃心，都不等於我們可以想說什麼就說出口。

每個人的特質不盡相同，
這是我們需要尊重，也必須瞭解的。
我們不能以大人的立場、版本，
一概認為「孩子就應該是如此」。
不強迫孩子一定得如何，
而是讓孩子練習「覺察」與「判斷」。

面對新事物，泛自閉症孩子焦慮不已？

演講過程中，我經常會提到：「如果老師懷孕了，在你的班上最好不要有自閉症或是亞斯伯格症孩子。」

這麼說倒不是指孩子會壞了老師的胎氣，而是懷孕之後，必須進行產檢而請假，老師一請假，就會改由代課老師上課。

面對班上的老師不時替換，對於自閉症及亞斯伯格症孩子來說，就像大風吹一樣，心中的焦慮龍捲風被喚起了。只要每換一次老師，孩子就得重新適應，而且不見得能適應良好。

老師懷孕之後，身形會改變，有些孩子也不太能夠適應老師的體態變得不一樣。你可能會對孩子說：「十個月之後，老師的身形就會恢復原來的樣子。」但請別太早給孩子承諾。有些人過了十年，身形都不見得能夠恢復啊！

以上的戲謔說法只是想強調一件事：對於自閉症及亞斯伯格症孩子來說，任何細微的改變都是他們必須適應的高壓力。重點是，很、耗、時、間。

改變，帶來的是不確定性，讓孩子一時之間無所適從，無法掌握。不確定性也喚起孩子內心的極度焦慮和不安。

曾經有自閉症孩子在診所進行療育，當治療師從原本戴眼鏡改成戴隱形眼鏡時，孩子一時反應不過來，而拒絕上課。

你可能會說：「這些孩子現在不適應變化，那等他們長大後進入社會，跨入職場該怎麼辦？別人可是不會都依他、順他的。」

的確如此，泛自閉症孩子的確是需要改變，只是，他們「需要時間」，而且是「很長的時間」。請允許他們慢慢來，並且在這期間，我們身旁的大人別停止對孩子關於改變調適的協助。

在合理的範圍內，試著採取漸進方式，貼心地讓孩子逐漸適應情境的改變。

覺察孩子的焦慮危機

陪伴孩子面對焦慮

面對新事物，孩子好焦慮

泛自閉症孩子對於「新」是很敏感的。

當我們拿出新的玩具、教具時，先不急著要求孩子馬上過來玩，可以把玩具在孩子視線所能及的地方先放一段時間，讓孩子維持一段適當的距離。

孩子如果好奇，想要趨近，自然而然就會靠近。如果孩子還是不想碰觸新玩具、新教具，也在告訴我們目前的時間點還沒到，還不適合讓孩子馬上去打開這個新的東西。

如果太強迫，有些孩子最後就選擇逃避了。

欲擒故縱

你可能覺得新買的東西卻連拆封都沒有拆封，很可惜。那就讓我們啟動大人可以做的事：我們先把玩具、教具拆開或是組裝起來，或者乾脆自己先開始玩。

如果有其他手足或同學，可以叫他們過來一起玩。在玩的過程中，表露出愉悅，顯示玩得很開心。

一邊「玩」，眼神一邊適時地飄向孩子，請記得，不急著叫孩子過來看。如果他感興趣、好奇，他就會過來。故意玩給他看，欲擒故縱，漸進地一步一步來。

先別急。雖然你心裡會有很多疑惑：「怎麼會有孩子不喜歡玩新玩具啊？」但**每個人的特質不盡相同，這是我們需要尊重，也必須要瞭解的。我們不能以大人的立場、版本，一概認為孩子就應該是如此。**

玩之後，暫時先不把東西收好，就擺在原處，接著再觀察孩子會不會主動靠近。

混亂的死角，處處好轉移注意力

在心理治療所的遊戲室裡，面對比較容易緊張、焦慮的孩子，我會把原本擺設整齊的玩具、教材，刻意弄亂。

遊戲室顯得混亂，對焦慮的孩子來講，就多了一些轉移注意力的死角。如果太整齊乾淨，高敏感度的孩子反而會覺得動輒得咎。

多製造一些轉移注意力的死角，至少能讓孩子在感到焦慮時，注意力還有可以躲藏的地方，就不用直球對決般看著你，與你面對面地大眼瞪小眼，這只會徒增尷尬，而使他更加焦慮。

感受是主觀的，沒有對錯

想像一下，有一天你去朋友家裡作客，對方家中全都是純白的家具，包括純白色沙發、地毯，好一個純白系列。你在沙發上坐定之後就不太敢動了，因為你注意到自己的屁股重重地讓沙發陷了下去。

你不敢站起來，擔心自己的臀印是否會留在純白沙發上。你覺得相當不自在，這個客廳真的是太乾淨了。只是撥撥劉海，你都會擔心髮絲會不會飄落在朋友家的純白地板上。

你的注意力無處擺放，只能摳弄手、拉扯衣角，或頻頻詢問：「請問廁所在哪裡？」

尿遁，成為一種解脫。

進了廁所，你又尷尬起來。朋友家的廁所裡，馬桶與衛浴設備也真是純白得太乾淨了，一塵不染到和客廳的沙發、地板一樣，令你感到動輒得咎，戰戰兢兢。

每個人的感受不同，也許你不以為然地認為：「拜託，如果朋友家的客廳、廁所太髒亂，我才會覺得焦慮不安。」

這是**每個人的主觀感受，沒有對錯。**

允許自己有焦慮的權利

讓孩子允許自己有焦慮的權利，特別是第一次接觸新的人、事、物時，會焦慮是非常自然的。允許自己擁有這樣焦慮的特權，雖然它不需要特別召喚，自然而然就會來敲門。

不要認為焦慮有什麼窮凶惡極。會焦慮是很正常的事。

焦慮提醒著我們：請開啟警覺的視窗，來面對眼前這個新事物。

對於新事物，我們少了一些經驗值，對於整個狀況的瞭解與掌握也有限。在面對新事物時，讓我們先停下來想一想在過去的經驗裡，是否有類似的經驗，並且從中找到共同的交集。把這些交集抽出來，就會發現看似百分之百的陌生新經驗，當中可能存在著百分之三十、四十的舊有經驗，如此一來，眼前這個新經驗就只剩下百分之六十、七十的陌生感。

新的經驗，不全然會對每個人都帶來不舒服的焦慮，有些人反而喜歡新。每個人的情緒本來就很複雜，「新」可能帶來的是快樂、開心、愉悅、雀躍，或淡淡的焦慮心情。

這當中，主要看我們如何評估眼前的事物，還是一句話：**不要把自己嚇壞了。**不要總是陷入二分的狀態，很多事情並不真的是全新的或陌生的。

列出「新事物」的焦慮清單

面對新的經驗時，讓我們協助孩子建立接收這些新經驗所需要的基本知識與能力。

可以列出孩子對哪些新的事物會產生焦慮，例如陌生的大人、新同學、新班級、新環境、新的遊樂設施、新飯店、新的居住地，或者搭乘新的交通工具、新的學習單元、新食物、新玩具、新的ＡＰＰ、新手機等。

談到這裡，有意思了。關於後面那幾項新事物，如果拿來問孩子：「當你接觸到新玩具、新的ＡＰＰ或新手機時，也讓你感到焦慮嗎？」

答案多半是否定的。孩子顯然非常開心、興奮。

因此，我們也可以與孩子討論他是如何看待「新」的概念。

所謂的新，可能其實是我們對於即將做的事情的一種逃避。或者面對新，只讓我們看到自己的能力不足。

改變令自閉兒焦慮了？

到底該不該幫自閉兒換座位？

按照導師的想法，在班上為了讓同學們彼此認識，因此決定每兩個禮拜大風吹，讓大家換一次座位。

大多數的孩子對於這樣換座位感到很新鮮，因為不確定性總是令人期待，不曉得下一次，誰會坐到自己旁邊。

可是，換座位這件事情對於自閉兒崴崴來說，感受往往不是如此。

每次一更換座位，崴崴就情緒激動起來，不時的打頭、尖叫、咬自己、站起來、走動、發出怪聲、自我刺激，讓導師不知道該如何是好。

導師心裡嘀咕著：「我這樣做也是為了他好啊！難道讓他多認識朋友不對嗎？更何況，他總不能老是坐在固定的位置。」

換座位，讓孩子有認識新朋友的機會。導師的出發點，立意非常良善，考量到孩子的人際往來能力，同時，也可以打破自閉兒的固著性。

但是仔細來想，當我們決定要對自閉症孩子做出改變時，需要先思考孩子在這個改變的當下，可能會出現哪些激烈的情緒反應。

如果導師有把握能夠有效地處理孩子的激動情緒，而仍然願意、也有勇氣要嘗試換座位，這真的是非常值得肯定。

導師想要透過換座位的方式，讓孩子們彼此多一些認識，以及有交新朋友的機會，這個出發點對於一般孩子來說，的確是個可行的方式。但考量自閉兒的情況，我們可以試著採取比較溫和且漸進的方式。

對於自閉症孩子來說，固定的座位，至少會有讓他安心的作用。畢竟自己坐的位置固定，熟悉身旁坐了哪些人，在班上相對地比較自在，情緒也會比較穩定。

陪伴孩子面對焦慮

重質，不重量

對於自閉症孩子，是否需要讓他認識很多朋友？這一點，我暫且保留。

並非自閉兒在班上不需要多認識朋友。而是**在班上，如果可以持續有穩定的二至三位同學與自閉兒相處，這對孩子在教室裡的情緒穩定，扮演了非常重要與關鍵的作用。**

反之，不斷更換座位，不斷轉換身旁的同學，讓自閉兒一直處在變動的狀態，在關係的建立上，一直沒有辦法產生應該有的熟悉度。這對於自閉兒在社交行為、人際關係的建立，反而會帶來副作用。

自閉兒認識朋友真的需要一段很長的時間。

循序漸進

打破自閉兒的固著性，這個大方向是正確的，也是必須的。只是，想要打破自閉兒的固著性，需要採取漸進的方式。

例如，自閉兒的座位不動，他周圍的小朋友或同一組的小朋友，要進行更換的時候，可以先採取局部更動。

舉例來說，原本和他同一組別的是Ａ、Ｂ、Ｃ三個孩子。導師進行的調整是維持Ａ和Ｂ不動，而把Ｃ換成Ｄ。讓自閉兒在小組裡，依然有Ａ、Ｂ兩位熟悉的同學。同時也讓他有機會接觸新的同學Ｄ。

導師想協助自閉兒的立意，非常值得肯定。如果能夠同時達到預期的目標，並且讓孩子的副作用降低到最少，我想就更加完美了。

安心的貼身保鑣

改變，往往容易喚起自閉症孩子的焦慮情緒。

當自閉症孩子面對改變而產生焦慮時，往往會明顯地以自我刺激行為來呈現，例如：不斷轉圈，不斷盯著旋轉的物品看，把玩手中的東西，擺動身體，自言自語，或是反覆聽一些聲音，比如搓弄塑膠袋的摩擦聲音、搖晃瓶裝水的聲音。

這些動作，某種程度上對孩子有緩和情緒的作用。差別在於，這樣的舉動往往會讓周圍的人覺得眼前這個孩子是怪異的，在互動過程中，傳遞出不甚友善的社交訊息，例如鄙視、不以為然的眼神、嫌惡的語氣或口吻、行為的拒絕或迴避等，讓孩子感覺不舒服。

每一個人都有專屬於自己緩和焦慮情緒的小東西，例如小飾品、小吊飾、小公仔，讓自己感受到一些安心的作用。這樣的切入點，對於自閉症孩子來說，也具有同樣的效果與作用。

在改變之前，讓自閉症孩子身上攜帶容易轉移他注意力的物品。

試著列出讓孩子的情緒能夠緩和的一些小東西。這些小物品以能夠讓孩子隨身輕便攜帶（如放在口袋裡，或掛在身上、別在衣服上），從外觀不至於對孩子生活及學習造成干擾為主，在與人互動過程中，也不至於讓周圍的人覺得太過於突兀。

讓孩子把注意力聚焦在這些小物品上，再逐漸進行一些改變。改變，當然會對自閉兒產生焦慮，但這時他可以將注意力適度地轉移到這些小東西上。

生活中存在著許多小物品，有待我們去尋找。對於有些孩子來說，就算只是一片葉子、一顆彈珠或一個瓶蓋拉環，也有緩和焦慮情緒的作用。

非變不可嗎？

你可能會有疑問：「如果我們選擇不改變呢？」

無奈的是，生活中，改變一直在發生，這很現實，任誰也躲不掉。例如A事情沒改變，但B事情正在變化，C事情令人措手不及，D事情可能跟以往的狀況截然不同。

這是自閉症孩子在日常生活中最辛苦的地方，總是得無奈地面對這些不確定性所引發的焦慮情緒。

變化是無法避免的，不過，我們可以採取漸進的方式，讓孩子逐漸暴露在細微的改變中，依然能夠擁有比較穩定的情緒。

雖然初期，他還是會覺得有點怪怪的，哪邊不對勁，但負面情緒仍在可接受的合理範圍內。當適度的焦慮沒有影響到孩子的生活及學習時，這一切，就可以很自然地度過了。

結構與改變

對於泛自閉症孩子來說，建立生活中的規律性及結構性是很重要的。讓自己處在一種可以預期的狀態下，好掌握下一步會發生的事情，降低非預期性問題的出現，增加可控制的程度，往往也逐漸提升了情緒穩定度。

雖然世事難料，但讓生活維持在一種規律，如同在軌道運行一樣，情緒自然而然也就平穩了起來。

規律和固著的作用，有些差別。規律，往往會對當事人帶來一些好的結果，好的情緒狀態。固著，則往往為自己、為他人帶來麻煩。

我們不需要、也不可能維持百分百的規律，但是，可以試著讓孩子在生活中擁有百分之八十的規律，再加上百分之二十的變動。

這百分之二十是哪些呢？一是自然而然發生的變動，例如突然變天下雨，或路上因交通事故而塞車。二是我們主動讓一些事情改變，例如原本要騎車出門，突然改成走路前往。

毋庸置疑，「結構化」對於自閉症孩子是相當重要的。但可以在結構中，逐漸加入一些彈性，允許一些事情的變化，讓孩子至少可以擁有百分之八十的可控制與百分之二十的非預期。同時讓孩子在認知上，逐漸接受改變是一種常態。

感官特殊敏感的自閉兒，焦慮難耐？

之一

以剪頭髮為例。

當孩子頭髮長了，蓋住耳朵，刺刺的頭髮對於觸覺敏感的自閉兒來說是難以忍受的，使他情緒浮躁。有時受限於口語表達能力，感到不適卻說不出，而讓情緒更加激動，不時尖叫。

帶孩子去剪頭髮時，在剪髮過程中，髮型師的剪刀喀嚓喀嚓或剪髮器推動所發出的聲音，對於聽覺敏感的孩子來說，又是一場磨難。

覺察孩子的焦慮危機

剪完頭髮，理髮師拿起吹風機或類似吸塵器的器具來吹、吸頭髮，又讓敏感的自閉兒情緒再度激動起來。

這還不包括剪頭髮前得坐下來，披上大型圍兜兜。可不是每個孩子叫他披就披，叫他坐就坐的。

剪完頭髮，該洗頭了。首先，孩子不是能輕易低著頭，讓人沖水，以洗髮精、潤髮乳在頭頂搓揉。有時孩子對洗髮精、潤髮乳的味道敏感，或是在洗頭時，水碰觸到眼睛或流進耳朵，這些狀況，再加上有人用手直接在他的頭上搓揉著，可是會讓孩子哇哇大叫的。

洗完頭，你想算了，請髮型師不要用吹風機吹，直接拿起毛巾就往孩子頭上包，直接擦乾。觸覺敏感的孩子，又開始尖叫了起來……

現在，你一個頭兩個大。頭髮長了，剪也不是，不剪也不是；頭洗好了，吹乾也不是，不吹乾也不是，用吹風機吹、用毛巾擦乾或是乾脆用晾乾的，都有狀況。

重點來了：孩子在日常生活中，還不僅僅剪頭髮這件事。

例如，洗澡沖水要不要用蓮蓬頭？要不要泡澡？要不要使用沐浴乳或肥皂？水溫到底要多冷或多熱？……

這些都反映了，我們對於眼前自閉症孩子感官敏感程度的瞭解。

看似我們為了他好，在炎炎夏日拿起蓮蓬頭，將沁涼的水往他身上猛然一噴，有些自閉兒會歇斯底里，大聲尖叫，極度不適的感受就如同尖銳的箭，高速從四面八方往自己射了過來。我們實在無法想像，對一般人來說如同按摩般舒服的蓮蓬頭沖澡，孩子卻感到有如行刑般的痛苦。

之二

小彥快受不了了。

下課時，同學們在教室裡嬉笑怒罵、追逐的聲音，以及從球場上傳來拍打籃球，啪啪啪的聲音。教室裡、教室外，嘈雜的聲音交雜著。

還有窗戶外，風吹動著樹葉，不時擺動、摩擦的聲音；校園裡，噴水池不定時發出的噴水聲……

這些聲音都讓小彥感到渾身不自在、不舒服，非常難耐，他痛苦到不時摳弄著雙手。有時他以兩隻手捂住耳朵，或者用力拍打耳朵，想把這些聲音隔絕在自己的世界之外。然而這些舉動往往引起同學側目。

「小彥會不會太誇張了？」

覺察孩子的焦慮危機

「對嘛，他到底在幹麼？怎麼一臉痛苦的模樣？」

「現在有什麼聲音嗎？他幹麼摀住耳朵？」

同學們互望著。

「沒有啊，沒有人在放鞭炮，沒有人在做爆米花啊。」

「拜託，現在都什麼年代了。我阿嬤他們以前那個年代，在路上，爆米花在要爆之前，老闆會先大聲喊：『要爆嘍！』現在已經很少有人這麼做了。」

一場又一場恐怖的聲音刺激，不時在小彥的日常生活中上演。

自閉兒的異質性非常大，請提醒自己，別忽略了他們的敏感特質。一般人眼中微不足道的小事，對於自閉兒來說，卻可能是一件令他無法招架的大事。

陪伴孩子面對焦慮

尊重每個人的特殊敏感特質

自閉兒很容易把注意力聚焦在一些極細微的事情上，無論是聲音、味道、觸覺、視覺或嗅覺等。甚至於對絕大多數的人來說是極微不足道，或不會去注意的地方，他們卻極度敏感或因此強烈地反彈。

每一個人都有敏感的地方。以我自己來說，我非常不喜歡在演講過程中，聞到現場聽眾朋友身上散發出綠油精、白花油、萬花油、萬金膏、撒隆巴斯等味道。

但你可能會說：「綠油精很香啊！有什麼好難聞的？」

很抱歉，這是你的感受。可是對我來說，就像是蚊子遇見殺蟲劑般生不如死啊！這些味道，讓我有極度作嘔的感覺，感到渾身不自在，腦海中，馬上穿越回到小時候，搭乘公車、遊覽車一路昏頭轉向，暈車、想吐的感覺（塑膠袋拿在手上，車子到現在還在晃）。

每個人對於不同的事情，總有不同的敏感連結。請接納與尊重每個人主觀的感受。

口語表達能力有限，就以行為表達

在這裡，我可以透過文字告訴你我不喜歡那種氣味的理由，並充分表達出來。

覺察孩子的焦慮危機

如果周圍的人能夠瞭解、體諒與同理，便會有所改變與調整。再不然，我自己會躲得遠遠的，保持極度的社交距離，或者索性戴上口罩來迴避那些作嘔的味道。

但是，口語表達明顯落後的自閉症孩子沒有足夠的能力，把自己切身的感受明確地說出來，因此旁人無法瞭解他究竟怎麼了。

我常常講：孩子不說，不表示孩子沒事。

但是當孩子因為不說、無法說、不知怎麼說或不願意說，而讓我們不解或誤解時，就會讓孩子變得很有事。

孩子情緒焦慮、躁動，不時尖叫，在教室裡狂亂地發出聲音，或者不時在原地打轉。老師無法接受孩子出現如此的干擾行為。

然而，**在大人眼中看似干擾的行為，對於口語表達能力有限的自閉兒來說，卻是一種自我表達的形式。**

想像一下，因為一些感官上的不舒服，沒有被同理，沒有被瞭解，情緒行為反應又被誤解為一種干擾、破壞，連帶地會遭受大人進一步的處罰。

你可以想像結果：孩子又將遭逢一連串的情緒波動，且愈演愈烈。

對於自閉兒的聽覺敏感，請別再不以為然

自閉兒的聽覺是非常敏感的，聽覺上的過度刺激，往往讓孩子處在一種非常難耐的狀態。只不過，他心裡面的不舒服，旁人卻不是那麼容易理解。

對於周圍的人來說，一切都和平時一樣，哪有什麼異狀。

但是在這裡，我必須要強調：**每個人對感官接受的敏感度不盡相同。**

或許有些經驗大家比較類似，例如聽到你手刮牆壁，就像熊刮樹皮的聲音，往往讓很多人起雞皮疙瘩，寒毛豎起來，甚至於馬上要求你停下來，不准你再繼續刮。

對於大多數的人來講，手刮牆壁這件事情是令人不舒服的，因此，大家比較能夠同理及瞭解。而其他的聲音，例如不同物體之間的摩擦所發出來的聲音，則會使得有些孩子感到不適而焦慮。你可能很難想像，對於有些自閉兒來說，雨落在屋頂上發出的滴答滴答聲，是多麼令他們難以忍受。

面對這樣的焦慮，我們不能只是一味地訕笑或不以為然，「拜託，風吹樹搖

動，葉子摩擦，這是大自然多麼美妙的聲音。難道你要叫樹立正站好？你乾脆用膠水把樹葉黏起來，讓葉子不能動算了。或者乾脆校園裡面不要種樹了，把假花、假草、假樹搬出來就好。」

許多人對此不以為然，也在於忽略了身旁的人可能存在的特定情緒感受。這關係到我們是否願意接納每一個人，對於自己身心焦慮可能存在的異樣性。

貼心地對待孩子

面對孩子對於聲音刺激異常敏感，有些老師會貼心地允許孩子戴耳機、耳塞或耳罩，以減緩對於嘈雜或特定聲音的過度敏感，所產生心理上與聽覺上的不適和焦慮。

緩和焦慮有法寶

在新加坡電影《戲曲總動員》（*The Wayang Kids*）中，當男主角——自閉症小男孩歐本情緒激動的時候，女主角——小女孩寶兒就會拿出一個小小的猴子玩偶，讓歐本把玩，轉移注意力，歐本的情緒便逐漸緩和下來。

我們也可以這麼做，**讓孩子隨身攜帶一些有助於緩和情緒的小法寶。**無論是平安符、十字架、小項鍊、一串鑰匙、一顆彈珠，或者任何足以讓孩子情緒平穩的物品，都可以算法寶。

不確定性令亞斯兒焦慮了？

「各位同學，由於疫情的關係，我們的校外教學活動是否如期辦理，要等待最後的通知。在還沒通知之前，有些事情依然要準備，這段時間，各組還是要進行討論。如果到時候活動被迫延期或取消，老師會提前跟你們說。」

聽到校外教學可能會延期或取消，小牧心裡浮躁了起來。對於期待已久的校外教學，他在心裡醞釀、模擬了許久，當天到木柵動物園的活動情形，在他腦中早已有了鮮活的畫面。

他都已經想好當天要帶哪些零食、用手機拍哪些動物，對於天氣預報更是隨時掌握。這一切，怎麼可以取消？怎麼可以延期？如果延期，到底要延到什麼時候？如果取消了，那是否在國小畢業之前，就都沒有機會再跟同學到木柵動物園去了？

這種不確定性，讓小牧感到心裡面很難熬，然而自己無法決定，也無法改變。其他同學大多認為盡人事、聽天命，最後只能配合老師，舉行就舉行，延期就延期，取消就取消，一切隨緣。反正木柵動物園一直在那裡，想去就可以去。

小牧的反應卻不是如此。

就像每次老師抽考，因為沒有事先講，小牧的情緒就顯得非常激動。雖然一般孩子對於突如其來、帶有不確定性、無法預期的事件，也會感到焦慮，但小牧的焦慮幾乎是破表，而在焦慮的情緒之中，還添加了許多不安、生氣、煩躁、擔心及憤怒。

陪伴孩子面對焦慮

面對躲不掉的變數，調適改變的必要性

亞斯兒需要一個很明確的答案。「明確」，有助於讓孩子感到安心、確定，知

道自己接下來該做什麼，可以做什麼，可以怎麼做。這樣就達到了穩定的效果。

但是，當眼前的情況並不那麼確定時，孩子心裡很容易產生混亂，開始慌了、急了，開始擔心自己沒有辦法掌握、控制可能隨之而生的狀況。

有些事情如果可以確認，照表操課，按照既定的節奏來，當然是最好的狀態。無奈的是，在日常生活以及校園學習裡，許多事物並不全然能夠按照時間來，存在了許多不確定性。

有時辦一個活動，有所謂的第二備案、第三備案，目的就在於如果第一方案沒有辦法進行，至少還有其他備案。當孩子能夠接受這樣的概念，至少心理上能不再死守那百分之百全然的確定。

微調，讓孩子逐漸適應

亞斯伯格症孩子由於固著性問題，對於許多事情，會希望能夠按照原本的想法進行。一旦這個結構被打破，不確定性太多，就很容易造成這些孩子焦慮及不知所措。

我們需要**給亞斯兒一段時間，讓他們慢慢地調適因不確定性而生的改變**。為了緩和孩子對於不確定性可能有的焦慮，建議採取比較有系統的減敏感方式。例如：

總共有五件事情，一開始都按照既定方案進行，孩子的預期百分百實現，而且百分百按照他的認定來做。

↓

過一段時間之後，進行微調與改變。比如其中四件事按照既定方案進行，另一件事進行改變。孩子在這當下可能會出現焦慮及其他的情緒反應。

↓

依此類推，再下一步是讓五件事情之中，有三件是確定的，另外兩件事則出現變化，並進一步追蹤孩子能夠承受的狀態。

但是要提醒自己，**適可而止，見好就收。**

隨遇而安，不執著

我曾經在臉書寫下這兩段話：

「這波疫情帶給我最大的改變：隨遇而安，不執著。」

「日子就在取消、延期、邀約中，不斷交錯著。讓自己變得更有彈性，隨遇而安，不執著。事情只是換個不同的時間做。感謝每一回的工作機會。」

在COVID-19（新冠肺炎）的狀況發生前，我每年的既定行程，大部分都照表操課，很少會進行大幅改動。然而，這一波疫情下來，我的工作就如同大多數的人，產生了明顯異動，比如相關演講活動的取消、延期與新增。

在這當中，我慢慢學習到，**很多事情其實不需要執著。外在環境是我們沒有辦法改變的，自己可以做的就是調整內在的心境。**

類似的想法，孩子需要長時間才能慢慢感受到。但是當我們大人保持著這樣的態度及信念，並且適時地與孩子分享，也能讓孩子從我們看待事情的態度上，學會參考、調整或修正自己對於生活周遭中，「不確定性」的看法。

臨時抽考的腦力激盪

為了讓孩子能夠有更加周延的想法，我非常建議老師可以利用早自習這短短的十分鐘，讓孩子們練習：老師拋出一個問題，讓底下的同學列出各種對這個問題的解釋。

例如，老師突然宣布下一節課要考英文，這是一個臨時的突發事件。讓孩子開始試著練習，當聽到老師突如其來地宣布臨時性抽考，自己會有什麼反應。先不做任何批判，讓孩子將腦海裡馬上想到的任何念頭，全部都寫下來。

無論這些想法是正面的或負面的，先不預設任何立場，也沒有絕對的對錯。先讓孩子寫出來和講出來。例如：

- 老師為什麼不早一點說？
- 糟糕，我沒有準備好。
- 太棒了，我昨天特別看了一遍。
- 反正就只是一次小考嘛！
- 怎麼辦？這次如果沒考好，我該怎麼辦？
- 拜託，小考成績才占總分幾分。
- 還不是每天都在考試，有差這次嗎？
- 考英文，我最擅長的啦。
- 反正老師怎麼臨時抽考，我都可以應付的啦。

・怎麼辦？我的英文是最糟糕的。
・反正我的英文那麼差，不管有沒有臨時抽考，小考、月考和段考，我考出來的成績還不是都一樣。
・怎麼不早說？老師根本在找我們麻煩，應該要事先講的！

當我們抛出一個臨時事件，就像擲出一顆石頭，在同學們的腦海裡激盪出了一陣又一陣漣漪。這些只是漣漪，沒有一定的標準答案，沒有對錯。

我想要說的是：一件事情會隨著每個人的解讀不同，而出現完全不同的想法，有時候會引發一個人許多不同的情緒感受及行為反應。

反應就是反應，沒有絕對標準

接續前一段，我們把孩子們的反應整理出來之後，先不做任何批評，接著讓同學們逐一表達。

例如若是這樣的想法出現：「怎麼不早說？老師根本在找我們麻煩，應該要事先講的！」讓孩子試著把這個念頭背後可能會出現的情緒感受，逐一寫出來，也許孩子會覺得很厭惡、很討厭、很生氣、很焦慮、很緊張。

先標定情緒感受之後，讓孩子進一步思考自己接下來的行為反應。也許孩子提到的是趕快臨時抱佛腳；也許孩子老神在在地說他都準備好了；或者孩子想要跑廁所，或緊張到哭了出來；或許有的孩子依然笑嘻嘻的，認為反正無論考的結果怎樣，自己都無所謂……對於孩子的行為反應，我們先不做任何預測。

每個人對於同一件事，會有許多不同的想法、解釋和感受，所以沒有絕對的對錯，也沒有一個標準，而是讓孩子逐漸接受每個人有自己的情緒。

簡單地講，**感受到焦慮並不是見不得人的事，不需要隱瞞。當我們可以大聲地說：「我現在很緊張！」「我現在很焦慮！」說出來，反而對自己是一種舒緩，也同時讓周圍的人可以在第一時間瞭解我們的感受。**

清空腦中的記憶體

把腦中的想法講出來、寫出來，好處是當這些想法化成文字存在螢幕上或紙上，**至少可以讓腦袋暫時先清空，也是紓壓。**

先不用去記憶這些想法，讓腦袋多一些空間，就如同手機、電腦的記憶體多出了更多的容量，使用一些軟體或開啟ＡＰＰ會更加順暢。當我們把腦海裡這些焦慮的想法、雜亂的念頭，講了出來、寫了出來，也有相同的作用，使得思考更順暢，在日常生活中運作時不會那麼累，那麼疲倦。

情境轉變，啟動了亞斯兒的焦慮？

上課時間到了，老師發現小文還站在教室外的走廊上，沒有進教室。

老師感到很納悶：「小文為什麼不進來呢？不是已經上課了嗎？」接著心想：「好吧，我不去催促他，他想進來就進來吧。我就在教室裡等他，反正他也知道我人在裡面。」

隨著時間一分一秒地過去，原本十點應該進來上課的，眼看已過了十分鐘、十五分鐘、二十分鐘……

老師沒有想到的是，如果再不上前去引導小文進入教室，他隨後會掉頭就走。其實這反映了孩子待在走廊上的過程中，所產生的焦慮，因為時間過愈久，孩子在走廊上愈是感到難熬，最後索性選擇離開。而下一次，他將更難踏進教室。

當發現亞斯兒杵在走廊上，不進教室時，老師需要引導孩子進入教室，因為這些孩子很容易開啟許多內心的小劇場，使自己一次又一次地處在焦慮狀態。

覺察孩子的焦慮危機

另外，老師也發現，下課時間到了，小文一定準時離開。

亞斯兒準時離開的行為告訴我們一件事：如果打破了亞斯兒既定的結構，這些孩子就會處於一種非常焦慮的狀態。

例如，下午四點應該放學，但是老師晚了十分鐘才下課，孩子會開始擔心自己晚了十分鐘才走出校門，安親班的隊伍可能都已經不見了，安親班的老師會不會認為自己跑出去玩，蹺課了。

這些孩子對於自己沒有辦法掌握的事情，通常抱持著一種距離，不確定的事往往會帶來一些威脅感，因為他們不知道事情會怎樣發生、對自己產生怎樣的影響。他們很容易對於「未知」盡可能地逃避，不去面對。

亞斯兒在看待事情上，非常敏感，容易固著，沒有彈性，缺乏全面的、周延的觀點。並且，不容易與他人建立關係。

在教室裡，跟著導師自星期一到星期五，從上午到下午的大部分課程，孩子慢慢熟悉，並且知道導師的上課模式與要求，相對地能夠維持平穩的情緒（前提是，與導師的關係維持良好）。

反過來，當孩子與某些特定老師可能一、兩個禮拜才見一次面，在這種情況下，因為時間的間隔，連帶地也許對這位老師比較陌生。

在校園服務裡，我也有這樣的經驗：和一個孩子晤談已經好多年了，但每回再見面，就是重新開始。孩子處在焦慮的狀態，不知道在這個當下，我要他做什麼，他往往不說話，或在原地不時地摳弄手指頭，眼神迴避，抓著衣角，拉扯褲子，搓揉雙手。等到這一節課結束了，孩子大大地鬆了一口氣，離開教室；過一段時間，例如一、兩週之後，再度進行晤談時，發現他又從頭開始，重新來過。

你可能納悶：「不是跟他晤談這麼多學期了，怎麼還會對你感到陌生？」

對亞斯兒來講，只要隔了一段時間，再來都是歸零，一切從頭開始。他們所需要的調適時間比其他孩子久，這是勉強不來的。

每一個亞斯兒的關係建立速度都不相同。這一點，在注意力缺陷過動症孩子身上正好相反。過動兒對於陌生人，在適應上是非常快的。甚至於你和這孩子只是剛見面，他卻表現出異常熱絡，像個鄰家男孩一樣，不斷地跟你講話，身體挨得你很近，或者跟你玩了起來。這和亞斯伯格症孩子簡直是天壤之別。

要拉近與亞斯兒的關係，得先有效地緩和他的焦慮。投其所好，從他感興趣的話題切入，轉移他的注意力，將可以讓孩子更快速地與你展開互動。

陪伴孩子面對焦慮

亞斯兒說不出的滿滿焦慮

上課時間到了，孩子人雖然來了，卻杵在走廊上，不進教室。**人在外面卻不進教室，大都是不敢進來，而非不願意進來。如果是不願意進教室，孩子通常就不會來了。**

如果老師只是痴痴地等，一直沒有任何作為，期待孩子自己進教室，隨著時間一點一滴過去，亞斯兒會更加焦慮。

他明知道現在就應該上課，卻一直沒有辦法進入教室裡。他也擔心老師會不會認為他蹺課了、遲到了，而對自己帶來不利的影響。

如果再加上這些孩子內心的小劇場一幕一幕地展開，整個腦袋想的都是這些令自己焦慮煎熬的畫面，就更無法順利地走進教室。

而等著、等著，最後就離開了。下一次，就更難踏進教室。

不談，更沒有機會解決問題

當孩子太過於敏感，跟他討論他的焦慮狀況，會不會是哪壺不開提哪壺，讓孩子更把注意力放在這些負面的訊息上？

但如果不討論，只是把問題擱置著，隨著時間過去，孩子的焦慮問題依然沒有解決。

在這裡，我必須再次強調：很多事情的處理並非只有做跟不做兩種。

在做與不做之間，有許多排列組合，**關鍵在於「如何做」。也就是說，我們要和孩子討論到什麼程度、聊到什麼程度。**

在聊的過程中，仔細觀察孩子的反應，判斷當他出現什麼樣的反應時，我們就得先停下來。就像做料理，鹽要放多少，醋要倒多少，糖要加多少，火候要開多大或多小。在這個過程中，需要我們不斷嘗試，就像廚師在料理食材時，斟酌調味與火候的控制，而達到最好的狀態。

在進行的過程中，必須衡量每個孩子的個別差異。

放鬆活動的演練

當孩子陷入負面思考，就像迴圈不停地轉時，要先讓孩子進行放鬆活動。沒有固定的方法，沒有一定的答案，但我們可以列出一些項目，讓孩子有所遵循。

孩子需要一些可以隨時運用的方法，當我們不在孩子身旁時，他在情緒開始緊繃的第一時間能運用這些方法，讓自己維持在比較好的狀態。

釋放想像

例如閉上眼睛，讓腦袋放空，或者想像自己望著平靜的湖面，或坐在海邊，或在山上看著雲海，聆聽著曼妙的音樂，想像自己跳著輕快的舞曲，或自己正在泡著澡……這些畫面都有助於孩子情緒平穩。

凝神注視

讓孩子張開眼，專心注視能使自己平靜的事物，每一個人關注的事物內容不盡相同，也許在日常生活中，一片葉子、一棵樹、一朵花、一個杯子，或是一幅畫……任何靜態事物都可以作為選擇。

放鬆聆聽

讓孩子聆聽一些聲音，水流聲、風吹過來的聲音、曼妙的音樂、輕快的旋律……任何足以幫助孩子放鬆的聲音，都可以進行練習。

每個人對聲音的接受度不太一樣，建議爸媽及老師可以引導孩子一起練習，選擇一些音樂播放，讓孩子逐漸找到自己感到輕鬆的音樂旋律，在適當的時間播放。

嗅聞氣味

用鼻子嗅聞味道，在不傷害身體、神經系統的情況下，有些味道足以使人感到心情舒緩，例如花香的味道、精油的味道等。

低ＧＩ食物

另外，有些低ＧＩ（低升糖）的原型食物，也有助於讓情緒輕鬆平穩。避免讓孩子吃太多高ＧＩ（高升糖），或是太多含有人工添加色素的加工食品，例如餅乾、糖果、可樂、汽水等，這些食品都很容易令孩子處在一種煩躁、情緒不穩的狀態，妨礙孩子情緒的穩定性。

放慢節奏，預留空白

放慢節奏，為自己預留一些空白的時間，也許是十分鐘、二十分鐘、三十分鐘的安全時間。在這段時間裡，孩子可以很放鬆，不做任何事情，處在一種自由自在的狀態。

我們不需要把事情排得滿滿的，排得緊緊的，總是被時間追著跑。就如同上學出門，假如需要七點半離開家，或許可以試著讓孩子提早起床，比較從容地，吃了早餐，再提前時間出門。

平時我們可以試著和孩子一起走路、散步，在過程中，讓孩子慢慢調整自己的呼吸與步伐，同樣地感受自己情緒的平穩狀態。

如果你願意執行，透過視覺、聽覺、觸覺、味覺、嗅覺等五感來改變、調整情緒，會是有效的方式。

亞斯兒容易受刺激而焦慮？

教室裡，小克一直盯著牆上的時鐘，並且不時地低頭跟自己的手錶核對——兩個時間相差了三分鐘，這讓小克非常焦躁、不安，口中不時喃喃自語著：「牆上的時鐘根本不準嘛，不準就要調整啊，根本快了三分鐘。如果我按照上面的時間回教室，那我不是少下課三分鐘？如果我按照自己手錶的時間回教室，老師會不會說我遲到三分鐘？……」

老師發現小克嘴巴一直在碎碎念，沒專心在課堂上，對他叨念起來，「小克，你在發什麼呆？」

小克被老師這麼點名，情緒有些激動地說：「我哪有發呆。為什麼說我發呆？

我只是在想，為什麼牆上的時鐘跟我手錶上的時間不一樣。既然你是老師，就應該把時間調整好，哪有人這麼不負責任。我爸爸說，我的手錶是最準的。」

說完，他又繼續低頭嘀咕。

「小克，你到底有沒有在聽我說話？你上來，把這一題數學算出來。」

突然被老師叫到臺上，小克心裡一陣莫名的不安，在座位上抗拒著，又開始喃喃自語，「幹麼叫我？為什麼不叫別人？」

老師真的火了起來，「我、再、跟、你、講、一、次，給我到前面來，把這一道數學題算出來。」

老師加重了說話的語氣與音量，這突如其來的拉高分貝，讓小克感到一陣刺耳難耐。

「啊……！」小克的尖叫聲，劃破天際。

陪伴孩子面對焦慮

接納亞斯兒就是會「小題大作」

你可能認為小克真的是小題大作，反應過度。雖然牆上的時鐘快了三分鐘，但他根本不需要窮緊張，只要注意聽學校的上、下課鐘響來判斷，不就好了。

沒錯，對於一般人來說，這件事情再簡單不過了。

可是，對於患有亞斯伯格症的小克來講，他的**注意力很容易聚焦在一些細微的事物上。**

這些細微的差異，其他人不會特別注意，但是亞斯兒很容易加以放大或誤解。

別誤踩亞斯兒的地雷

亞斯伯格症孩子在呈現焦慮時，很容易表現出「碎碎念」的行為。如果老師對這樣的焦慮沒有覺察到，卻當作是孩子在干擾上課秩序或是不專心，再加上給予指責、糾正，特別是又放大音量、加重語氣，還夾帶一些威脅性的話語，亞斯兒的情緒反彈就會破表，師生關係將會更加惡化。

和亞斯兒相處，對班級老師來講，就像走在鋼索上，動輒得咎，是很大的挑戰，也很為難與辛苦。但如果能對這些孩子的特質多一些瞭解，我相信彼此磨合的時間將可以縮短，也容易相契合，有助於老師的班級經營更加順暢。

讓亞斯兒死心塌地愛上你的十件事

與亞斯伯格症孩子建立關係，是一項極細膩的藝術。有時，說錯一句話、一個動作不對，就很容易關係決裂。再加上亞斯兒很容易陷入關係的絕對二分，非黑即白，讓爸媽與老師在陪伴亞斯兒時如履薄冰，不知該如何是好。

以下和你分享十件事，讓亞斯兒死心塌地愛上你，維持彼此的好關係。

一、投其所好，從興趣切入，建立關係

聊起自己的興趣，總是讓人欣喜，特別是當我們對眼前的孩子還不瞭解時，最安全的方式就是從孩子喜好的事物切入。老師可以事先詢問家長孩子的興趣，從這點開始建立關係。

二、對話以「我們」取代「你」，讓彼此產生生命共同體的連結，取代命令的方式

例如：「你把桌面收一收。」→改成：「我們一起把桌面整理乾淨。」

三、給選項，比如二選一、三選一，讓他做決定。你依然維持你的堅持，同時也令他感到受尊重

例如：「你現在可以從單元一或單元二之中，選一篇文章來朗讀。」

四、說話溫和不刺激，不疾不徐，就像與初戀對象說話的口吻

亞斯兒在解讀社會情緒的能力上相對薄弱。當我們講話的語氣太重，孩子很容易誤解意思，認為我們不友善，在指責他。當我們講話速度太快，孩子一下子無法理解，很容易感到焦慮。

五、多對他擁有的能力與表現，給予具體、正向的回饋，展現出你想瞭解他的動機

亞斯兒對於「被肯定」這件事是很愛的。被肯定，誰不愛？

六、說他聽得懂的話，以他的思考模式對話，調到同一個頻率

與亞斯兒說話的內容，不要太過於抽象或迂迴。在對話過程中，可以觀察孩子的反應，適時停頓，以確定孩子是否吸收、理解了**（請特別留意他是否出現「疑惑」的表情）**。

七、結構使他安心，有條有理，讓他可以預期你的互動或上課方式

對於亞斯兒來說，能夠掌握的事情愈多，內心就較為踏實，焦慮感會明顯降低。

八、若許了承諾，請說到做到（這比婚約誓言容易辦到些）

說到做到，讓孩子感受到你對於他的重視。同時，我們也在示範一種對承諾的堅定。

九、微笑，說「謝謝」（「請」和「對不起」則要斟酌使用）

「謝謝」的作用，大於「請」和「對不起」。「請」的語氣如果沒拿捏好，會讓孩子覺得被要求。「對不起」說多了，容易讓孩子將注意力轉移到你做錯事情的地方。

十、無論是否在防疫期間，請維持適當社交距離，除非他主動靠近你

亞斯兒對於身體觸覺相當敏感，對於身體距離的拿捏也容易無所適從。保持適當距離，會讓他較為安心些。

讓孩子知道大人有焦慮的困擾，
不是羞恥、見不得人的。
當孩子發現大人願意敞開來談自己內在的焦慮，
也是在告訴孩子，
「情緒」是可以討論的，更是必須瞭解的。

搞不懂強迫症孩子的焦慮？

有些孩子罹患強迫症，核心問題來自於「強迫思考」及「強迫行為」。對於當事人來講，明知強迫思考是不合理的，但關鍵在於這個想法就像衝動一樣，常不請自來，浮現在腦海。

每個人的「強迫思考」內容不同，孩子不見得會讓你知道，或想讓你知道。因為內容往往非常離譜，讓當事人尷尬或羞於脫口說出。

我們比較容易看到的是各種類型的「強迫行為」，例如不斷洗手、不斷做檢查、不斷修改、不斷開關電燈，不斷地、不斷地、不斷地……而令孩子感到非常困擾。

強迫症孩子很容易把注意力聚焦在很細微，卻不必要的點上面。有些孩子為了減緩這些因不合理的強迫思考所喚起的焦慮，只好不時以重複的行為，例如反覆洗手，一次、一次又一次地洗手，來抵銷或轉移焦慮。

有些孩子會有所謂的「幸運數字」、「幸運號碼」，例如七，每回都得洗到七次。但與其說七是幸運數字、幸運號碼，倒不如說，孩子反而被「七」這個數字給綁架了，沒有到「七」，絕對不行，否則心裡會感到更加焦慮。

一旁的大人可能想：「好吧，你洗了七次才認為把手洗乾淨了。那麼洗到七次夠了吧，可以停下來了吧？」但沒多久，孩子會發現自己的手又髒了，手髒掉之後，又要重新再洗七次……就這樣反反覆覆。

其實孩子好累了，孩子沒辦法了，孩子身心疲倦了，整個腦袋再也無力思考任何其他的事情。他只是不斷地、不斷地，反覆又反覆地浮現這些「強迫思考」，重複做這些「強迫行為」。很辛苦，很疲倦，但他無可奈何。

他實在不想再這樣強迫性地思考，但是愈不要這麼想，就愈容易這麼想……像個魔咒般揮之不去。

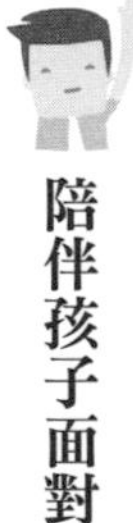

陪伴孩子面對焦慮

強迫思考無法停止的痛苦

孩子感到非常痛苦——痛苦在於，孩子**明知道這些想法是不合理的，但是自己就是無法停止這些想法的產生，無法控制。**

例如，明明知道自己洗了非常多次手，已經非常乾淨了，但就是無法停止下來。問題點在於，他持續擔心自己的手不乾淨可能留有病菌，而這些病菌可能影響家人的健康，害他們生病。這樣的想法，讓孩子心裡面產生許多罪惡感。

永無寧日的強迫感受

強迫症的孩子會這麼想：「我一定得洗手。」「我可能要反覆檢查作業有沒有錯／門有沒有關上／開關有沒有關起來……」

強迫症的麻煩，在於這個動作，當事人一次、一次又一次地反覆在做，浪費了許多時間，花費許多心思，但真正該做的事情沒有完成。

可是，如果不讓孩子做，他又處在一種焦慮、不安的狀態。這種狀態持續愈久，強迫思考會更明顯地彈跳出來。

例如難以控制地想著：「瓦斯是不是沒有關？如果瓦斯外洩了，引發氣爆，造成家裡、社區的重大危險，那個風險之大，後果難以想像……」一想到這裡，孩子已經把自己嚇得半死。

這種擔心、焦慮，讓人處在一種極度的不安狀態，根本無暇專注於眼前該做的事情。

出於強迫行為而不斷地開關瓦斯，不斷地把水龍頭打開又關上，不斷地開關電燈……反反覆覆地做一件事情，成了痛苦來源。因為焦慮雖然在短時間內稍微舒緩，但重點是，自己花了很長的時間一直在做這件事，反反覆覆進行，沒完沒了，永無止境。

設定有限的強迫次數

其實**如果孩子真要檢查，是可以的，只要次數減少，頂多再加上一次確認。**

改善強迫行為是採取漸進的方式，也就是允許孩子檢查，但是要設定一定的檢查次數。到達設定次數就夠了，不再去碰，不再去檢查。

例如過去孩子一遍、一遍又一遍反覆地檢查瓦斯開關，而現在要讓孩子練習瞭解：夠了，真的夠了，自己已經檢查過了。

還可以進一步地這麼做，讓孩子對自己說：「我已經在早上八點十五分把瓦斯關掉了。」非常明確地告訴自己「早上八點十五分」。「我在早上八點十七分做了第二次確認。」兩次夠了。

早上八點十五分、早上八點十七分，說出這兩個**明確的時間點**，當孩子又想去關上瓦斯時，腦海裡會浮現早上八點十五分、早上八點十七分，已經進行了兩次瓦斯檢查，做好雙重確認。

這個方法足以讓孩子處在一種安心的狀態，不需要再去做額外、重複的檢查，徒增困擾。

孩子必須不斷地讓自己瞭解：夠了，真的是夠了。不斷地告訴自己：「我已經做了該做的事情，已經夠了。」

限量——限定自己檢查的次數，也就是強迫行為的次數。這就像一場打仗、一場競賽、一場遊戲。只是在這場競賽中，我們必須採取比較高強度的方式，**堅持自己的底線**，檢查兩次就足夠了。

少做了，孩子好為難

在限定行為次數的練習過程中，孩子會感到為難，因為少做了，他覺得自己沒有做到要求的次數，強迫思考很容易令孩子陷入焦慮狀態。

當下，我們的做法是要**引導孩子去做別的事情，轉移他的注意力，或讓他感受到放鬆的活動。**

讓孩子的思緒先從這一截強迫的軌道跳開。

以歌聲抵擋強迫思考

當孩子因為強迫的念頭，比如瓦斯沒關好、電燈沒關好、水龍頭沒有關好等，而造成強迫思考不斷彈跳出來，為了阻隔這些想法的產生，必要的時候，可以教孩子唱首歌，**在腦海裡面唱他很熟悉的歌。**

有些想法真的不受控的時候，就唱歌吧！請記得，要唱自己非常熟悉的歌。因為熟悉，在歌唱的過程中，就像採用自動化的播放系統，讓這些歌曲阻擋自己不合理的強迫思考，而產生一種「我可以控制住強迫思考」的有能力感，知道自己有能力可以去控制。

通常，強迫思考對於一個人最大的挑戰就是自己沒有辦法去處理。但我要強調，事實上，我們是有這個能力的。

想像一下：自己的手正在轉動瓦斯開關，去感受那種手感，感受用力抓握的感覺。想像一下：自己把水龍頭關緊了，沒有滴下任何一滴水——這就表示我們已經好好把水龍頭關上了。

強迫思考而生的強迫行為，折磨得孩子好焦慮？

玉香不時往自己身上吐口水，想要把嘴裡不乾淨的口水全部都吐掉。但她總是覺得自己有吐不完的口水。

周圍的同學都嫌惡地抱怨：

「臭死了，臭死了，你的口水臭死了。」

「對嘛！我們不要跟她說話，噁心死了。假如被她的口水噴到就完蛋了。」

「沒錯沒錯，她的口水可具有腐蝕性啊。真的，我們趕快離她遠一點。」

同學們說完便一哄而散，留下一臉尷尬而不知所措的玉香。

她覺得自己真的很無辜，實在不明白為什麼同學要如此對待自己。她長得是沒有像班上其他女同學那麼討喜，但她真的已經非常認真地盥洗，也勤換衣服啊。

有幾次，玉香把口水吐在衣服上，接著聞了聞，發現果然就像同學們講的「臭死了，臭死了，口水臭死了」。但仔細想想，誰的口水不臭？誰的口水是清香的呢？

只要嘴巴碰上了一些東西，無論是頭髮或衣服，甚至於空氣中飄落的雨絲、吹來的風沙，玉香都覺得口水沾染了髒東西。她一次又一次地吐，吐不完的口水，讓她身上散發出一股惡臭味。

然而，不把口水吐出來實在不行。不吐，覺得口水一直在口中，很不是滋味；吐了，又會讓自己和別人都感到噁心。

玉香亂了，不知道哪個才是對的，而且腦海裡面愈加出現「口水很髒，特別是自己的口水特別髒」的強烈想法，如同魔咒一般，緊緊框住了她的腦袋，令她難過死了，痛苦死了。

一到上學時間，玉香就開始緊張，甚至於焦慮到恐慌，難以呼吸。她不知道該如何是好，很怕同學的眼神或者他們在一旁竊竊私語。

玉香開始慮病，直覺地懷疑自己是不是生病了。

媽媽也忍不住對玉香說：「為什麼你每天放學回來，衣服都那麼臭啊？每一次都得用洗衣精重新浸泡過，不然直接丟進洗衣機，真的讓人覺得好噁心啊。」

連媽媽都這麼說了，教玉香情何以堪。果然，自己的口水真的很臭，臭到全班同學與媽媽都知道了。

她更是永無止境地吐——吐不完的口水，是她無法喊停的焦慮。

陪伴孩子面對焦慮

焦慮行為，其實是一種警訊

焦慮行為只是一種表象、一個訊號，就像警訊一樣在告訴我們：**孩子現在有狀況了，孩子現在需要協助。**

我們不要只看問題的表面，在行為的表象底下，有一些值得我們好好去思索的問題與訊息。

提醒自己，不要受眼前的一些行為模式干擾，而在情緒上起了波動，忽略了孩子真正要表達的訊息。

強迫思考，對孩子是耗時的「拉鋸戰」

面對強迫思考，對於孩子來說真的是一場耗時的拉鋸戰，腦袋裡有一個不聽使喚的聲音，不斷地彈跳出來。

想像一下，就像一個盒子，盒蓋裡面的彈簧鬆掉了，彈簧隨時會跳出來，而讓自己有些驚訝。這些讓你感到驚訝的想法其實令你非常痛苦，因為你知道它們極度不合理，可是你無法改變或消除它們，不知道該如何是好。

找出誘發強迫思考的「壓力源」

例如：孩子在校總是被同學揶揄、嘲諷、言語霸凌，導致他產生自我厭惡，甚至於出現了強迫思考，反覆出現自己的口水特別髒的念頭，而無法控制（強迫思考與事實的連結很跳躍，很不合理）。

要消除強迫思考與行為，「移除壓力源」是首要任務。

例如：當同學言語欺負、霸凌的情況逐漸減少，孩子的這些壓力暫時消失，情緒相對也比較放鬆且平穩，一些不適當的行為（像是吐口水），自然而然地也會消失或明顯降低頻率。

否則，我們總是在外圍圍繞，只在乎行為表象，一直針對「吐不吐口水」這件事去處理，縱使看似解決了表面的吐口水問題，但孩子可能進而轉到其他的行為表現上，比如改為不斷洗手、不斷做檢查、對一件事情不斷地確認再確認……因為在孩子內心的核心問題還是沒有解決（同學的言語欺負、霸凌）。

對自己大聲斥喝

有些孩子會告訴你：「我就是無法停止那樣思考啊！我就是會這麼想，哪有什麼辦法啊！我沒有辦法控制自己的想法。」

在這種情況下，孩子需要一個很大的聲音，來控制這些雜音。

大聲斥喝，讓負面想法潰散

孩子調皮搗蛋時，爸爸、媽媽或老師突然大聲斥喝：「你真的鬧夠了！你在幹麼？你現在給我安靜！」突然間的大聲，頓時使孩子安靜了下來。

同樣地，孩子也需要在思考上，出現一句「大聲斥喝」。這聲斥喝就像站在制高點，檢視自己的想法是否不合理。運用大聲斥喝的方式，讓負面想法潰散。

「別鬧了！」——刻意用很誇張的方式嚇自己

讓孩子試著以第二個聲音，大聲地告訴自己：

「別鬧了／別再開玩笑了／你夠了／你玩夠了／你鬧夠了／你演得太誇張了／你演得太不像了，饒過自己吧……」

先這樣大聲說出來，進行自我對話，隨後反覆在心裡面默念幾次，這是刻意用很誇張的方式嚇自己。

愈誇張愈好。這並非羞辱自己，而是加深自己的印象。

就像警報聲突然響起，孩子刻意演出非常誇大的受驚表現，將兩隻手張開遮住雙眼，突然地大叫，或放聲大哭，拔腿就跑，或故意跌倒，或者焦慮到假裝昏倒……

再次強調，**這麼做的目的並不是要嘲笑孩子，而是要讓他瞭解自己的反應是否**

太過了。

雖然人世間有很多事情難以預料，但也不等於所有災難都會發生在我們身上。更何況，在我們的腦海裡放了這麼多災難性想法，到最後只會把自己壓得更喘不過氣。

孩子，別再折磨自己。

孩子擔心個資洩漏，過分焦慮？

「明謙，你為什麼到現在還不把報告交出來？都已經上課這麼久了。」

「老師，我能不能回家後，用家裡的電腦傳給你？」

「你在說什麼？趁現在上課時間，你趕快交過來，最晚到今天下午四點放學前。你再不交報告，被打零分，我就不管你了。」老師再次提醒，因為明謙這樣不是一次、兩次了。

老師一直很納悶，每次經過明謙的螢幕，會發現他也是很認真在練習著老師教的常用軟體。可是一到要上傳資料，他就非常猶豫不決。看他幾次輸入帳號、密碼，打到一半卻又刪除……就這樣來來回回的。

老師實在摸不著頭緒，忍不住問：「你是忘了帳號、密碼嗎？如果老是忘掉，就寫在紙上。自己的資料，要學會自己好好保管。」

老師一直以為明謙是忘了帳號、密碼，殊不知，其實他記得非常清楚。

他只是不敢用學校的電腦登入網站，不敢留下任何帳號、密碼的紀錄。

一天裡，有好多次，他會一再更換密碼。整個小本子裡都是密密麻麻的密碼組合。這些密碼，連他自己都記不太住，因為皆是亂碼。會這麼做，是因為明謙不想讓自己的密碼被別人記住，至少可以保護自己的資料不會外洩。

可是，不時更動帳號和密碼，也喚起他不少焦慮，連帶地，他在使用手機、平板、電腦和網路時，更加不知所措。他不知道自己的資料何時可能被盜用，何時可能出問題。

到後來，情況變本加厲，明謙變得不敢使用外面的電腦，不敢連接公共Wi-Fi服務，他實在太擔心了，很害怕自己的資料會外洩、被盜用；用電腦的時候，也怕網路視訊被別人開啟、怕被窺視……對於敏感的明謙來講，這些真是無比焦慮的折騰。

需要輸入帳號、密碼時，他也一直擔心會被釣魚網站竊取、盜錄資料，給詐騙集團使用，造成自己的麻煩而惹禍上身，甚至擔心員警找上門，讓別人誤以為自己也是詐騙集團的成員。

尤其是在臉書上、LINE群組裡，經常看到有人帳號被盜用、竊取的新聞，令他渾身不自在，胸口悶，狂吞口水。

這些焦慮全都是從那時候開始的——他收到一封Email，告知他的帳號在海外被登錄了，提醒如非本人，要按下連結進行確認。在慌張、焦慮的情況下，第一時間他很自然地相信Email的內容。仔細閱讀後，他按照信中的指示按了超連結，進入登錄畫面後，輸入帳號、密碼……就這樣，信箱被盜用了。

明謙真的怕了。

陪伴孩子面對焦慮

必要且合宜的資安維護

在使用網路的資訊安全上，我們的確非常謹慎。但是在謹慎的拿捏程度上，也必須衡量自己是否過度焦慮。

焦慮確實有必要，可是要看「程度」。如果已經超出自己的想像及負荷，整個人將被焦慮吞噬，處在停擺的狀態。

就像明謙透過防毒軟體，不時掃描自己的電腦系統是否有資料外洩的危險，這是一個好習慣，差別就在於一天要掃描多少次。如果一而再、再而三地反反覆覆，重複這些動作，只會徒增我們在使用上的焦慮，這並不是好現象。

過度焦慮會讓自己喘不過氣，無法逃脫想像的恐怖。甚至於整個腦袋裡的思緒都被帳號、密碼，以及釣魚網站、中毒、偷窺、詐騙集團、盜錄等念頭塞滿。

合理的想法

焦慮會一直存在，不會消失，也沒有必要消失，甚至於我們能夠運用適度的焦慮來提升做事情及學習的效率，使行為表現更符合我們對自己的期待。

情緒沒有絕對的好壞，關鍵在於我們如何看待，以及每個人是否有足夠的能力，承接這些負面情緒所帶來的影響。

檢視活躍的腦內小劇場

隨時覺察自己的腦內小劇場是否過度活躍，內容與劇情是否適切，自己是否將內容過度擴大，使得情緒處在焦慮狀態。還有，我們是否給了過多的自我暗示，認為自己會處在一種不利的位置。

小劇場內容的播放，主控權還是在當事人，只是孩子往往沒有覺察到是腦中思緒的紊亂喚起焦慮，甚至吞噬掉自己的思考。

將焦慮內容寫下來

讓孩子練習把自己的焦慮記錄下來，透過手機錄下來或語音輸入都可以，或者寫下來。把這些想法與感受清清楚楚地卸下來之後，有助於瞭解自己實際的想法與狀況，以確認它們是否合理。對於不合理的地方，進一步地確認自己所擔心的事情，實際發生的機率到底有多少。

記錄下來的好處是，有助於孩子慢慢練習掌控自己的想法。多一個字或少一個字，都會為情緒帶來不一樣的變化。

孩子需要練習掌控自己的想法，同時試著找出第二種、第三種等等的解釋方式。我自己也一直在嘗試練習從不同的觀點來瞭解事情。

許多事並非我們想像的那樣糟糕，也不一定會發生。

有些焦慮的來源主要在孩子對於行為後果有過多的不利解釋，特別是這個解釋往往出自許多不合理的想像。當然，有些是來自於過往一些不愉快經驗的累積，而使得孩子認為再次發生的機會很高。

凍結不合理的想法

在與孩子對談的過程中，建議把孩子所講的話寫下來。接著，針對其中不合理、籠統、抽象的內容，逐一讓孩子進行具體而明確的陳述。再從陳述的過程中，針對不合理的部分，進一步地讓孩子思考當中的合理性。

災難性的想法，往往源自於我們過度放大。孩子需要周圍的大人協助他按暫停，練習以比較合理的方式解釋。

這就是為什麼得一條一條，逐一地具體寫下來，讓孩子可以按圖索驥地去思考。日後，再轉由孩子自我練習，把不合理的事情寫下來。對於認知的調整，這是一項非常重要的功課。

覺察孩子的焦慮危機

關於災難性的想法，並非只是告訴孩子：「你不要想那麼多／你想太多了／它不可能發生。」而是要讓孩子思考：問題發生的機率有多少？為什麼他這麼肯定地認為？

試著讓孩子具體地陳述，看看他是否能很明確地把箇中原因或因果、證據等條列出來。如果孩子沒有辦法說出證明，讓我們先把這個想法「凍結」起來，因為這個想法是不合理的，目前沒有充分的證據顯示它會成真。

孩子對於新冠肺炎過度焦慮？

「你不要一直噴酒精。」

「你看你，兩隻手都噴得起了皺褶。」

「你的手洗了多少遍！能不能不要再洗了？」

望著小紫慘白的雙手，媽媽除了心疼，真不知該如何是好。該說明的、該解釋的都說了，小紫完全聽不進去。這些日子，她不時地洗手、消毒，再洗手，再消毒。

孩子似乎已將洗手、消毒變成了一種儀式。這個儀式耗損了小紫許多心思、注意力及時間。不只孩子很累，媽媽也很累。

老師反映了數次，小紫上課時常常處在發呆、恍神的放空狀態。課業上，成績像土石流般持續滑落，而且沒有停下來的跡象。她和同學們也明顯少了互動，社交距離自動拉大了好幾倍。

若非必要，她的兩隻手不會碰觸教室裡的東西，例如讀書角的繪本。當老師要孩子們閱讀繪本時，只見小紫不時地用衛生紙擦拭著手中的繪本封面、封底與內頁，並且小心翼翼地不讓手指頭直接碰觸到書。

如果手不小心碰觸到教室裡的共用繪本，腦海中就像彈出式視窗的廣告，開始插播令她焦慮的內容，例如：「這些疫情是否會爆發第二次、第三次感染？」她無法想像，也不敢去想像，一旦被這些病毒感染，自己會何等恐懼。她得居家隔離十四天，或者自主健康管理七天。還有，同學是否會認為自己是病毒的散布者、感染源？

每次只要想到這裡，小紫就渾身發抖，冒著冷汗。畢竟連美國前總統川普都染疫了啊！

對於疫情，小紫總是擴大想像，不時檢查臉上戴的口罩是否密合，將注意力聚焦在自己的手部消毒是否徹底。洗手的七大步驟都得逐一按照順序來，缺一不可，不容有錯。

媽媽看在眼裡，實在無法理解。COVID-19造成全球許多人感染與死亡，但相對於其他國家來講，臺灣在疫情控制的成效是好的，孩子為何依然如此擔心？

媽媽試著以合理的方式，不斷向小紫說明，但似乎她愈解釋，孩子愈無法接受，腦內小劇場反而更是不停翻攪著。這種對於疫情太過關注而衍生出的莫名過度焦慮，妨礙了孩子的日常生活，也影響了她的學習表現。

陪伴孩子面對焦慮

焦慮要合理，有適度界限

在防疫期間，孩子的確需要做好該有的防疫措施，像是在公共場所要戴口罩、勤洗手，或是雙手以酒精消毒。

然而，**一切都要有適度的界限。過與不及，都不是好事。**

遠離新聞風暴

COVID-19的相關報導，持續在新聞和網路上出現，孩子等於一直暴露在這種敏感的氛圍中。

所以最好的方式，就是**盡量讓孩子暫時遠離這些刺激，先將注意力轉移到別的事物上，減少對這些新聞的過度關注。**

孩子現階段還沒有能力與心思，有效地消化、接收這些報導所帶來的負面情緒經驗及感受。不時地把注意力放在這些相關的新聞議題上，除了改變不了已發生的既定事件，同時過度關注引發了過度聯想，很容易喚起焦慮。

鼓勵孩子說出焦慮

太過關注，腦中想的都是這些事情，這並非是好事。思緒被這些事情占滿了，就沒有辦法給自己比較充分的空間思考，或專注於原本該做的事。

讓孩子瞭解，焦慮是非常自然的存在，每一個人都會有，差別在於每個人的焦慮程度，以及每一個人是否能夠有效地面對、因應與處理自己的焦慮，以免讓焦慮妨礙生活。

明瞭了這點，有助於孩子更從容、更勇敢地表達出自己的內在感受。

當孩子**有機會說出來，就有機會改變**。說出來，至少也是一種情緒舒緩的方式，並且有了機會重新整理自己內在想法的合理性。

面對焦慮，最忌諱的就是壓抑、否認和逃避。不斷壓抑自己的焦慮情緒，焦慮只會更加變形，以各種其他症狀與問題出現，繼續妨礙日常生活及學習。

讓孩子清楚瞭解焦慮呈現的模樣，焦慮如何透過我們的想法、生理、行為反應出來，我們如何覺察自己的焦慮已經過量了，強度已經超過自己的負荷。

對話時間點的選擇

當孩子對於疫情過度焦慮時，有必要與孩子進行合理的對話。只是討論時間點的選擇需要適度考量，避免讓孩子整個心思都關注在疫情上。

請留意，有些孩子的思考很容易固著。旁人愈解釋，他反而愈是去關注那些負面訊息。

與孩子討論這件事情的時候，要讓孩子提出佐證，證明他為何相信自己認定的事情會發生。引導孩子進行一場又一場的自我對話。就像是自己跟自己辯論，孩子也在腦中分為正、反兩方，針對各自的立場提出討論。

預防焦慮擴散

有些孩子逐漸將對疫情的焦慮放射般地擴散，與相關字眼都產生負面連結，並且總認為那些狀況會發生在自己、家人或朋友的身上。例如，對於一些疾病或相關的字眼：手術、病菌、開刀、急救、休克、轉診、血液、移植，或是器官名稱很敏感。或者聽到救護車呼嘯而過，就覺得是自己的親人、家人在救護車上。一聽到急診室、手術房，連帶地會衍生出一些相關畫面，油然而生莫名的焦慮及恐懼。

很明顯，孩子這樣的認知是錯誤、扭曲、偏差又不合邏輯的，連結得太過跳躍了，孩子過度放大了自己與周遭事物之間的關係。

對於這些醫療訊息，不是每個人都能夠合理地看待及承受。簡單地說，有些孩子無法充分消化、吸收這些資訊。

我們要幫助孩子與令他感到敏感的字眼，適度地保持安全距離，先減少不必要的接觸或多去看看其他的內容，例如海洋、天文、生態、汽車、動植物等主題，至少可以淡化一些緊張。適度的遠離、保持心理界限，這是一個階段性的方法，看似消極，卻是現階段必要的練習。

只不過，你可能會發現過度敏感、容易焦慮的孩子，在海洋、動物等看似平和的知識裡，卻又注意到弱肉強食、撲殺或滅絕等字眼，而再度喚起焦慮。

這時，再將注意力轉移到較為中性的內容，以淡化孩子對於特殊字詞的過度注意。以此類推，直到孩子的焦慮趨於緩和。

國家圖書館預行編目資料

覺察孩子的焦慮危機：咬手、拔頭髮、猛眨眼……從辨識警訊開始，讓孩子學會紓解焦慮，安定成長／王意中著. --初版. --臺北市：寶瓶文化, 2020.12, 面； 公分. --(Catcher；102)
ISBN 978-986-406-211-9(平裝)
1.兒童心理學 2.焦慮症 3.親職教育
173.1　　109020357

Catcher 102

覺察孩子的焦慮危機

——咬手、拔頭髮、猛眨眼……從辨識警訊開始，讓孩子學會紓解焦慮，安定成長

作者／王意中　臨床心理師

發行人／張寶琴
社長兼總編輯／朱亞君
副總編輯／張純玲
資深編輯／丁慧瑋　編輯／林婕伃
美術主編／林慧雯
校對／丁慧瑋・陳佩伶・劉素芬・王意中
營銷部主任／林歆婕　業務專員／林裕翔　企劃專員／李祉萱
財務／莊玉萍
出版者／寶瓶文化事業股份有限公司
地址／台北市110信義區基隆路一段180號8樓
電話／(02)27494988　傳真／(02)27495072
郵政劃撥／19446403　寶瓶文化事業股份有限公司
印刷廠／世和印製企業有限公司
總經銷／大和書報圖書股份有限公司　電話／(02)89902588
地址／新北市五股工業區五工五路2號　傳真／(02)22997900
E-mail／aquarius@udngroup.com

著作完成日期／二〇二〇年十一月
初版一刷日期／二〇二〇年十二月二十八日
初版三刷+日期／二〇二三年二月二日
ISBN／978-986-406-211-9
定價／三二〇元

愛書人卡

感謝您熱心的為我們填寫，
對您的意見，我們會認真的加以參考，
希望寶瓶文化推出的每一本書，都能得到您的肯定與永遠的支持。

系列：Catcher 102　**書名：覺察孩子的焦慮危機**

1.姓名：＿＿＿＿＿＿　性別：□男　□女

2.生日：＿＿年＿＿月＿＿日

3.教育程度：□大學以上　□大學　□專科　□高中、高職　□高中職以下

4.職業：＿＿＿＿＿＿

5.聯絡地址：＿＿＿＿＿＿＿＿＿＿＿＿

聯絡電話：＿＿＿＿＿＿　手機：＿＿＿＿＿＿

6.E-mail信箱：＿＿＿＿＿＿＿＿

□同意　□不同意　免費獲得寶瓶文化叢書訊息

7.購買日期：＿＿年＿＿月＿＿日

8.您得知本書的管道：□報紙／雜誌　□電視／電台　□親友介紹　□逛書店　□網路　□傳單／海報　□廣告　□其他

9.您在哪裡買到本書：□書店，店名＿＿＿＿　□劃撥　□現場活動　□贈書

□網路購書，網站名稱：＿＿＿＿＿　□其他＿＿＿＿

10.對本書的建議：（請填代號　1.滿意　2.尚可　3.再改進，請提供意見）

內容：＿＿＿＿＿＿＿＿

封面：＿＿＿＿＿＿＿＿

編排：＿＿＿＿＿＿＿＿

其他：＿＿＿＿＿＿＿＿

綜合意見：＿＿＿＿＿＿＿＿＿＿＿＿

11.希望我們未來出版哪一類的書籍：＿＿＿＿＿＿＿＿

讓文字與書寫的聲音大鳴大放

寶瓶文化事業股份有限公司

（請沿此虛線剪下）

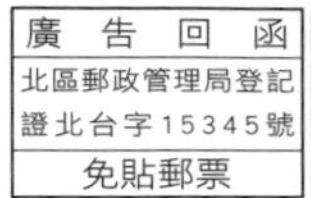

寶瓶文化事業股份有限公司 收

110台北市信義區基隆路一段180號8樓

8F,180 KEELUNG RD.,SEC.1,

TAIPEI.(110)TAIWAN R.O.C.

（請沿虛線對折後寄回，或傳真至02-27495072。謝謝）